www.ingramcontent.com/pod-product-compliance
Lightning Source LLC
Chambersburg PA
CBHW070532030426
42337CB00016B/2185

චතුරාර්ය සත්‍යාවබෝධයට ධර්ම දේශනා....

නුවණින් ම යි
යා යුත්තේ

අලුත් දහම් වැඩසටහන
27

පූජ්‍ය කිරිබත්ගොඩ ඤාණානන්ද ස්වාමීන් වහන්සේ
විසින් පොල්ගහවෙල මහමෙව්නාව භාවනා අසපුවේ අලුත් දහම් වැඩසටහනේදී සිදු කළ ධර්ම දේශනා ඇසුරිනි.

මහාමේඝ
MAHAMEGHA
ප්‍රකාශනයකි

පෙළගැස්ම....

නමෝ තස්ස භගවතෝ අරහතෝ සම්මාසම්බුද්ධස්ස
ඒ භාග්‍යවත් අර්හත් සම්මා සම්බුදුරජාණන් වහන්සේට නමස්කාර වේවා!

01.

උදේ වරුවේ ධර්ම දේශනය

සැදැහැවත් පින්වත්නි,

අපි අවුරුදු දහස් ගණනක් තිස්සේ බුදුරජාණන් වහන්සේව සරණ ගිහින්, උන්වහන්සේගේ ධර්මය බොහොම ආසාවෙන් පුරුදු කර කර ආපු ජාතියක්. නමුත් මීට අවුරුදු නවසීයකට විතර කලින් කාලිංග මාඝ මේ රට ආක්‍රමණය කරලා සිංහලයන්ව මිසදිටුවේ පිහිටෙව්වා. කාලිංග මාඝ කරපු විනාශය ගැන ඉතිහාස පොත්වල සඳහන් වෙන්නේ, "දානාදී කුසල කර්ම නමැති වන ලැහැබ දවන ලැව්ගින්නක් වගේ විසිහතර දාහක් යෝධයනුත් සමග කලිඟු රටේ ඉඳන් කාලිංග මාඝ ඇවිත් මේ ලංකාද්වීපය අල්ලගත්තා ය, සිංහලයන් සතු දේපල වස්තුව ඔක්කොම මංකොල්ල කෑවා ය, බොහෝ කලක් පවත්වාගෙන ආපු කුලධර්ම කඩ කළා ය, සිංහලයන්ට තලාපෙලා හිරිහැර කරමින් බරවැඩ ගත්තා ය, ත්‍රිපිටක ධර්මය ලියා තිබූ පොත් ලණු ලිහලා ඒ ඒ තැන

විසිරෙව්වා ය, වෙහෙර විහාර කඩලා බිඳලා දැම්මා ය, ශාස්තෘන් වහන්සේ හා සමාන වූ බොහෝ ධාතුන් වහන්සේලා අතුරුදහන් කළා ය" කියලයි. ඒ වගේම කාලිංග මාඝ කරපු භයානක දෙයක් තමයි අපේ තෙරුවන් සරණ නැති කිරීම. තිසරණ නැති කරලා අපව ජ්‍යොතිෂ්‍යයේ පිහිටෙව්වා.

සිංහල ජාතියට වැදිච්ච ශාපය....

ඒ වැදිච්ච ශාපෙත් එක්ක ඊට පස්සේ අපේ ජාතිය පෙළඹුනේ ගුප්ත පැත්තෙන් පිහිට හොයන්නයි. ඊළඟට රාජසිංහ රජ්ජුරුවෝ දකුණු ඉන්දියාවේ සාමිලාට බලය දීලා ආයෙ වතාවක් විනාශ වුනා. දැන් ඉතින් හොඳටම අවුල් වෙලයි තියෙන්නේ. දැන් අපි මේ "බුද්ධං සරණං ගච්ඡාමි" කියන්නේ පරම්පරාවෙන් ආපු එක මිසක් ඇත්ත එක නෙවෙයි. පරම්පරාවෙන් ආපු එක කියාගෙන යනවා මිසක් ඒ සරණ හදවතට පිවිසෙන්නෙ නෑ. ප්‍රශ්නයක් ආපු ගමන් හිතට එන්නේ 'මක් වුනා ද දන්නෙ නෑ... අපල ද දන්නෙ නෑ... මේ දවස්වල හරීයට කරදර... ඉක්මනට කේන්දරේ බලවගන්න ඕනෙ' කියලා අර කාලිංග මාඝ පිහිටවපු මිසදිටුවට ම යි හිත යන්නෙ. ඒ විදිහට හැබෑවටම සරණ නැතුව, නිකම් සරණ කිය කිය ඉන්න බෞද්ධ රටක තමයි අපි මේ වාසය කරන්නේ. ඒ නිසා අපි මේ ධර්මයට ආසා කළාට, ධර්මය ඇහුවාට, ධර්මයේ හිත පිහිටන්නේ නෑ.

බුදුරජාණන් වහන්සේටත් ශාප කරනවා....

හොඳට හොයලා බලන්න, චුට්ටක් එහා මෙහා වුණාම මිනිස්සු පන්සල්වලටත් බනිනවා, සංඝයාටත්

බනිනවා. චෛත්‍ය රාජයාණන් වහන්සේ නමකට ලොකුවට පූජාවක් කළොත් ඒකටත් බනිනවා. ලොකු විහාරයක් හැදුවොත් ඒකටත් බනිනවා. හැබැයි කෝවිලක් හැදුවොත් බනින්නෙ නෑ. ඊළඟට පුංචි කාලේ ඉඳලා සාමාන්‍යයෙන් අපට පුරුදු කරලා තියෙන්නේ 'බුදුන් පල්ලා...' කියලා බුදුරජාණන් වහන්සේටත් සාප කරලා දිවුරන්නයි. කවදාවත් 'කාළි පල්ලා... සිව පල්ලා...' කියලා දිවුරන්නෙ නෑ. ඒවාට බයයි.

අවුරුදු නවසීයකට කලින් වෙච්ච විනාශයේ අන්තිම අවස්ථාවේ අපි මේ ඉන්නෙ. මේ යන්නේ අන්තිම ප්‍රබෝධය. මේ කාලේ අපි ලොකුවට වෙහෙර විහාර හදනවා. මීට පස්සේ මේ වගේ ලොකුවට වෙහෙර විහාර කොහේවත් හැදෙන්නෙ නෑ. එබඳු කාලෙක අපි මේ වාසය කරන්නේ.

මෙච්චර බණ කියන රටේ ඇයි මේ තරම් අපරාධ...?

ඒ වගේම අපේ රටේ මිනිස්සු පුරුදු වෙලා ඉන්නවා, මනුස්සයෙක් තව මනුස්සයෙකුට කරදරයක් කළොත්, අපරාධයක් කළොත්, චූටි ළමයෙකුට අතවරයක් වුනොත් ධර්මයට බනින්ට. "මහ ලොකුවට බණ කිය කිය යනවා. කෝ ප්‍රතිඵල...? මෙච්චර බණ කියන රටේ, මෙච්චර බණ අහන රටේ ඇයි මේ තරම් අපරාධ...?" කියලා ගරහනවා. "චෛත්‍ය වැඳ වැඳ හිටපල්ලා" කියලා ගරහනවා. ගැරහුම් ලැබිය යුතු දේ පැත්තක. ගැරහුම් ලබන්නේ ධර්මය. ඊළඟට ශිෂ්‍යයෙක් ගුරුවරයාට ගරහන කොට අනිත් පැටිද්දෝ ටිකත් එකතු වෙලා "තව ගරහපං... තව ගරහපං..." කියලා උඩගෙඩි දෙනවා.

ආර්ය උපවාදයේ විපාක....

අංගුත්තර නිකායේ තියෙනවා අක්කෝසක සූත්‍රය කියලා දේශනාවක්. අක්කෝස කියන්නේ ආක්‍රෝෂ කිරීම. ආක්‍රෝෂ කිරීම කියන්නේ බණින එක, ගරහන එක. **(යෝ සෝ භික්ඛවේ භික්ඛු අක්කෝසපරිභාසකෝ අරියූපවාදී සබ්‍රහ්මචාරීනං)** "මහණෙනි, යමෙක් සබ්‍රහ්මචාරීන් වහන්සේලාට ආක්‍රෝෂ කරයි ද, පරිභව කරයි ද, ආර්යයන්ට උපවාද කරයි ද, එයා මේ දස ආකාර විපත්වලින් කවර හෝ විපතකට පත්වෙනවා" කියනවා.

පළවෙනි එක තමයි **(අනධිගතං නාධිගච්ඡති)** නොලැබූ අවබෝධය ලැබෙන්නේ නෑ. කොච්චර ඇහුවත් ලැබෙන්නෙ නෑ. අවබෝධයට වුවමනා කරන දේ ලැබෙනවා කියලා කියන්නේ පින්වත්නි, සද්ධා - විරිය - සති - සමාධි - ප්‍රඥා කියන ඉන්ද්‍රිය ධර්ම පිහිටන එකයි. කොයිතරම් ධර්මය ඇහුවත් ඕවා ඇති වෙන්නෙ නෑ. ඉන්ද්‍රිය ධර්ම පිහිටන්නෙ නැත්නම් මාර්ගය නැනෙ.

මගඵල මුළාව....

දෙවෙනි එක **(අධිගතා පරිහායන්ති)** ලබාගත් ගුණධර්ම පිරිහිලා යනවා. සීලයක පිහිටලා ඉන්නවා නම් ඒක නැතිව යනවා. හොඳට ධර්මය මෙනෙහි කර කර ඉන්නවා නම් ඒක නැතිව යනවා. ඒ වගේ ලැබිච්ච යහපත් ගුණ ධර්ම තියෙනවා නම් ඒවා නැතිව යනවා. **(සද්ධම්මස්ස න වෝදානයන්ති)** ඒ කෙනාට දහම් කරුණු පැහැදිලි වෙන්නෙ නෑ, පිරිසිදු වෙන්නෙ නෑ. **(සද්ධම්මේසු වා අධිමානිකෝ හෝති)** ධර්මය වැටහුනා කියලා මුලාවෙන් හටගත්තු මාන්නයක් ඇතිවෙනවා.

මේ කාලේ තියෙන ඔය මගඵල මුළාවත් ඒ වගේ එකක් තමයි. ඒ ඔක්කොම ධර්මය වැටහුනා කියලා මුලාවෙන් ඇති වුන මාන්නයක් මිසක් ඇත්ත ඒවා නෙවෙයි. ඒකට ම ගැලපෙන්න මෝඩ පිරිසකුත් ඉන්නවනෙ.

කොච්චර මෝඩයි ද කියන්නෙ බුදුරජාණන් වහන්සේ මෙහේ උපන්නා කිය කිය කොටසක් කියද්දි, මේක මහා පට්ට බේගලයක් කියලා තේරුම් ගන්න තරම් ඥානෙ කඳුළක් නැති, බොරුව බොරුව හැටියට තේරුම් ගන්න බැරි, ඒ බොරුව සමාදන් වෙන පිරිසකුත් ඉන්නවනෙ. ඒ විදිහට සද්ධර්මයේ මුලාවට පත් වීම, මේ සූත්‍රයේ හැටියට ආක්‍රෝෂ කිරීමෙන් ලැබෙන විපාකයක්.

අකැමැත්තෙන් බඹසර වසයි....

ඊළඟට **(අනභිරතෝ වා බ්‍රහ්මචරියං චරති)** පැවිදි වෙලා හිටියත්, එයා හිතෙන් ආර්ය අෂ්ටාංගික මාර්ගයට විරුද්ධයි. හිතෙන් සීලයට විරුද්ධයි. කවුරුහරි සීලයක පිහිටලා ඉන්නවා නම් ඒකට ගරහනවා. කවුරුහරි අවංකවම සමාධියක් පුරුදු කරනවා නම් ඒකට ගරහනවා. කවුරුහරි අවංකවම ප්‍රඥාව පුරුදු කරනවා නම් ඒකට ගරහනවා. තමන් ඒ ගුණධර්ම පුරුදු කරන්නෙත් නෑ. අකැමැත්තෙන් බඹසර වාසය කරනවා. ඔන්න අක්‍රෝෂ කිරීමේ විපාක.

එහෙම නැත්නම් **(අඤ්ඤතරං වං සංකිලිට්ඨං ආපත්තිං ආපජ්ජති)** මොකාක්හරි කිලිටි සහිත ආපත්තියකට පත්වෙලා හිත ඇතුලෙන් පසුතැවෙමින් ඉන්නවා. එක්කෝ **(ගාළ්හං වා රෝගාතංකං ඵුසති)** දරුණු රෝගාබාධයක් වැළඳෙනවා. මේකට ගිහි පැවිදි භේදයක් නෑ. එක්කෝ **(උම්මාදං වා පාපුණාති)** උමතු වෙනවා.

ප්‍රකෘති මනසින් කියන්න පුළුවන් ද බුදුරජාණන් වහන්සේ මෙහේ උපන්නා කියලා...? ප්‍රකෘති මනසක් තියෙන මනුස්සයෙකුට පුළුවන් ද ඒක අනුමෝදන් වෙන්න...? බෑ. එතකොට තේරුම් ගන්න මේ සිහිමුළාවේ තියෙන භයානකකම.

මරණින් මත්තේ නිරයේ....

(සම්මූළ්හෝ කාලං කරෝති) එහෙම නැත්නම් සිහිමුළා වෙලා මැරෙනවා. **(කායස්ස භේදා පරම්මරණා අපායං දුග්ගතිං විනිපාතං නිරයං උපපජ්ජති)** කය බිඳී මරණින් මතු අපාය දුර්ගති විනිපාතයේ උපදිනවා. බුදුරජාණන් වහන්සේ වදාළ මේ අක්කෝසක සූත්‍රය තියෙන්නේ අංගුත්තර නිකායේ දහවෙනි නිපාතයේ. මේක මහා භයානක තත්වයක්. අතිශයින්ම භයානක විදිහට මිනිස්සු පව් කරගත්තා, ඒ වගේම කරගන්නවා. මේ ඔක්කෝටම හේතුව තිසරණයේ මනාකොට පිහිටගන්න තියෙන බැරිකම යි.

අපි කොච්චර බුද්ධං සරණං ගච්ඡාමි කියලා කිව්වත් ප්‍රශ්නයක් ආපු ගමන් ඒකට උත්තර හොයන්නේ ජ්‍යොතිෂ්‍යයෙන්. මොකද හේතුව, අවුරුදු ගණනාවක් තිස්සේ සිංහල ජාතිය ඒ මිසදිටුවේ පිහිටවපු නිසා. අපි තිසරණයේ පිහිටුවන්න මහන්සි ගත්තත් තිසරණයේ පිහිටන්න භයයි. අපිට කරන්න දෙයක් නෑ. ආයෙ තිසරණය අහිමි වෙනවා.

පරිහානිය වළක්වන්ට බෑ....

මේ විදිහට වෙනකොට පින්වත්නි, මනුස්සයන්ගේ ගුණධර්මවල පරිහානිය වළක්වන්ට බෑ. ගුණධර්මයන්ගේ

පරිහානිය වෙනවා ම යි. මේ ළඟදි මට හොඳ ජාතක කතාවක් කියවන්න හම්බ වුනා. ඒ ජාතකයේ නම කච්චානි ජාතකය. සැවැත් නුවර එක්තරා අම්මෙකුයි තාත්තෙකුයි පුතෙකුයි වාසය කළා. තාත්තා අභාවයට පත්වුනාට පස්සේ පුතා බොහෝම භක්තියෙන් ආදරයෙන් මව්ට උපස්ථාන කරන්ට පටන් ගත්තා. පුතා තෙරුවන් සරණ ගිය උපාසකයෙක්. ඉතින් මේ අම්මාට තමන්ට බොහෝම ආදරයෙන් උපස්ථාන කරන දරුවා ගැන අනුකම්පා හිතුනා.

අම්මා කියනවා "අනේ පුතේ, දැන් බලාපන්... උඹ තනියම මට කැඳ හදලා දෙනවා. මගේ ඇඳුම් කැඩුම් හෝදනවා. මට වතුර උණු කරලා දෙනවා. මාව නාවනවා. අනේ පුතේ, මට හරි දුකයි උඹ ගැන. මං උඹට කසාදයක් කරලා දෙන්නම්" කියලා. පුතා කිව්වා "අනේ අම්මේ, මං ගිහි ජීවිතේට කැමති නෑ. අම්මා ජීවතුන් අතර ඉන්නකල් මං මෙහෙම උපස්ථාන කරන්නම්. අම්මා නැති කාලෙක මං ගොහින් පැවිදි වෙනවා" කියලා. එතකොට අම්මා "නෑ පුතේ, අපේ පරම්පරාවත් දිගටම තියෙන්න එපැයි. එහෙම කරන්න එපා" කියලා පුතාට දැන් පෙරැත්ත කර කර කියනවා.

ලේලිගේ උප්පරවැට්ටිය....

ඊට පස්සේ පුතාගේ අකැමැත්තෙන් ම ඒ පවුලට ගැලපෙන කෙල්ලක් හොයලා බන්දලා දුන්නා. ටික දවසක් ගියාම ලේලිට තේරුණා තමන්ගේ ස්වාමියා බොහෝම ආදරයෙන් අම්මාට උපස්ථාන කරන බව. ලේලි කල්පනා කළා 'මගේ ස්වාමියා තමන්ගේ අම්මාට ආදරෙන් උපස්ථාන කරනවා. ස්වාමියාගේ හිත ගන්න

මාත් ඒක කරන්න ඕනෙ' කියලා. ඊට පස්සේ ඔන්න ලේලිත් නැන්දම්මාට උපස්ථාන කරන්න පටන් ගත්තා. එතකොට මහත්තයා තමන්ගේ බිරිඳ ගැන පැහැදුනා.

වෙනදට මහත්තයා මොනවාහරි කැවිලි පෙවිලි ආදී රසවත් දේවල් හම්බවුනොත් ඉස්සෙල්ලා අම්මාට කොටහක් දීලා තමයි නෝනට දෙන්නෙ. දැන් ඒවා ගෙනල්ලා එහෙම්මම නෝනගේ අතට දෙනවා. එතකොට නෝනා 'හරි... දැන් එහෙනම් මෙයැයිට අම්මා කෙරෙහි තියෙන බැඳීම නැති වෙලා. දැන් මේ ගෑණිගෙන් මට නිදහස් වෙන්න කාලෙ හරි...' කියලා හිතුවා.

ලේලිගෙන් දඬුවම....

එහෙම හිතලා මොකද කළේ, ඔන්න උණුවතුර ඕනෙ කිව්වාම ඇල් වතුර දෙනවා. ඊළඟට මඳ රස්නෙට වතුර ඉල්ලුවාම තද රස්නෙට දෙනවා. බොන්ට බැරි විදිහට ලුණු වැඩි කරලා කැඳ හදලා දෙනවා. එක්කෝ ලුණු නැතුව කැඳ හදලා දෙනවා. එතකොට අම්මා කියනවා "අනේ දුවේ ලුණු මදිනෙ" කියලා. "ආ... උඹට කොච්චර දුන්නත් මදි නේ...?" කියලා බනිනවා. ඊළඟට නාන්ට වාඩිවුනාම තද රස්නෙ වතුර පිටට වක්කරනවා. "උඹයියා... දුවේ පිච්චෙනවා" කියනකොට "හා... එහෙමද..." කියලා සීතල වතුර එකක් ගෙනල්ලා ඇඟට හලනවා. ඔය විදිහට අර ලේලි නැන්දම්මාව හොඳටම පෙළන්ට පටන් ගත්තා.

දවසක් ස්වාමියා වැඩට ගිහිල්ලා එනකොට මෙයා ඔන්න මූණ එල්ලගෙන ඉන්නවා. "මොකද ඔයා අද කණගාටුවෙන් වගේ ඉන්නේ?" කියලා ඇහුවා. "මොකද තමා.... මං විඳින දුක දෙයියො තමයි දන්නෙ. ඔයාට මං

මෙච්චර කල් නොකියා හිටියේ. ඔයා ගෙදරින් ගියාට පස්සෙ අම්මා මට හොඳටෝම බනිනවා. මං අමාරුවෙන් උහුලගෙන ඉන්නෙ" කිව්වා. පුතා නිශ්ශබ්ද වුනා. මේ වයසක අම්මා රැට එළියට යන්න බැරි නිසා, පඩික්කමක් තියාගෙන ඉන්නවා දොට්ට පිලට යන්න.

ගෑණිගේ පැලෑන වැරදුනා....

දවසක් ලේලි ඒ පඩික්කම ගේ මැද්දේ පයින් වද්දලා පෙරලෙව්වා. පෙරලලා අත්දෙක ඔළුවේ ගහගෙන "අප්පේ... මේ ගෑණි මේ ගේ වැසිකිළියක් කොළා. මේ අවාසනාවන්ත ගෑණි නිසා අපි නැසුනා..." කියලා අඬාගෙන ගිහිල්ලා මහත්තයාට කිව්වා "මේ...! දෙකින් එකක් තීරණය කරන්න. එක්කෝ අම්මා තියාගෙන මාව යවන්න. එක්කෝ මාව තියාගෙන අම්මා යවන්න" කියලා. එතකොට ස්වාමියා කිව්වා "සොඳුරී... ඔයා තරුණයි. ඔයාට අතේ පයේ වැඩක් කරගන්න පුළුවන්. ඔයා යන්න. අම්මා වයසයි. අම්මාට මුකුත් කරකියා ගන්න බෑ. මට මගේ අත් දෙකෙන් කලින් වගේම අම්මාට හොඳට සලකන්න පුළුවන්. කිසි ප්‍රශ්නයක් නෑ. ඔයා ගෙදර ගිහිල්ලා ඔයාගෙ පාඩුවේ ඉන්න" කියලා කිව්වා. ගෑණිගෙ පැලෑන වැරදුනා. ඊට පස්සේ ගෑණි නිශ්ශබ්ද වුනා. ආයෙමත් හිමීට අම්මට සලකන්න ගත්තා.

කලින් ආත්මේ නම් වැරදුනා....

ඊට පස්සෙ මේ උපාසක බුදුරජාණන් වහන්සේ බැහැදකින්ට ගියා. බුදුරජාණන් වහන්සේ ඇහුවා "ආ උපාසක, ඔබ ඉතින් බොහෝම ආදරෙන් අම්මාට උපස්ථාන කරනවා නොවැ. අප්‍රමාදීව මව්ට සලකනවා

ද?" කියලා. "අනේ ස්වාමීනී, මට මේං මෙහෙම අකරතැබ්බයක් වුනා. මං කොහෙත්ම අකැමැත්තෙන් ඉද්දී අම්මා මට කරකාරයක් බන්දලා දුන්නා. ඊට පස්සේ මගේ බිරින්දෑ අම්මා ගැන මගේ හිත බිඳවන්න සෑහෙන්න උත්සාහ කළා. නමුත් මං හිත බිඳවගත්තේ නෑ. මං අම්මාව බේරගත්තා" කිව්වා. බුදුරජාණන් වහන්සේ වදාළා "උපාසක, මේ ආත්මේ නම් ඔබ අම්මාව බේරගත්තා තමයි. හැබැයි කලින් ආත්මෙ නම් වැරදුනා" කිව්වා. "අනේ ස්වාමීනී, කලින් ආත්මෙ මොකක්ද මට වෙච්ච වැරැද්ද?" කියලා ඇහුවා. එතකොට බුදුරජාණන් වහන්සේ මේ අතීත කතාව වදාළා.

පවුල් අවුල්....

ඉස්සර කාලේ බරණැස ඔය විදිහට ම අම්මෙකුයි තාත්තෙකුයි පුතෙකුයි වාසය කළා. තාත්තා නැති වුනාට පස්සේ ඒ පුත්‍රයා බොහෝම ආදරයෙන් අම්මාට උපස්ථාන කළා. තමන්ගේ පුතාගේ අනාගතය ගැන සලකලා කරකාරයක් බන්දලා දෙන්ට අම්මාට ඕනැ වුනා. පුතාගේ අකැමැත්තෙන් ම කෙල්ලක් සහේට දුන්නා. ටික කාලයක් ගතවුනා. ඒ බිරිඳ ටික ටික අම්මාට විරුද්ධව මේ පුතාගේ හිත බිඳෙව්වා. සැරින් සැරේ ආඩපාලි කියාගෙන, අඬාගෙන දොඩාගෙන ඇවිල්ලා කියනවා "මට නම් බෑ ඔයාගේ අම්මත් එක්ක තවත් මේ ගෙදර එකට ඉන්ට. එක්කො ඔයා අම්මාව තියාගන්න, මාව යවන්න. එක්කො මාව තියාගන්න, අම්මාව යවන්න" කියලා.

එතකොට මේ තරුණයා 'අනේ මේ වැඩෙන් මගේ පවුල කැඩෙනවා. මං මගේ පවුල් ජීවිතේ රැකගන්ට එපැයි' කියලා හිතලා අම්මාට කිව්වා "අම්මේ, කරුණු

කාරණා බලාගෙන ගියාම වැරැද්ද උඹේ. ඒ නිසා උඹ මේ ගෙදරින් පලයං..." කියලා. අම්මා පුදුමෙන් බලාගෙන හිටියා 'මේ මයෙ පුතා ද මට මෙහෙම කියන්නෙ' කියලා. ඊට පස්සේ අම්මා රෙදි පොට්ටනියත් අරගෙන කඳුළු හල හලා අඬා අඬා ගියා. ගිහිල්ලා හිතවත් යාළුවන්ගේ ගෙවල්වල නැවතිලා, වළං පිඟන් හෝදලා දීලා, දර ටිකක් හොයාගෙන ඇවිල්ලා දීලා, යන්තම් මොනවාහරි කාලා ජීවත් වුනා.

කොලු පැටියෙක් හම්බ වුනා....

ටික දවසක් ගියාම ලේලිගේ කුසේ දරුවෙක් පිහිටියා. ලේලි මහත්තයාට කියන්න ගත්තා "ආං බලන්ට. අර ගෑණි මේ ගෙදර ඉන්නකල් මං වඳ. මට දරුවෙක් පිහිටියේ නෑ. දැන් බලන්ට. අර කාලකණ්ණි මූසලී මේ ගෙදරින් පිටත් කළා විතරයි, ඕං දරුවෙක් පිහිටියා" කියලා. තවත් කාලයක් ගතවුනාට පස්සේ ඒ ලේලි පුතෙක් බිහි කළා. එතකොට ලේලි ගම්මුත් එක්ක කියන්න ගත්තා "මේං බලන්ට. අර ගෑණි මේ ගෙදර ඉන්නකල් අපට වගතුවක් තිබුනෙ නෑ. ඇව මේ ගෙදරින් පන්නා ගත්තා විතරයි, බලන්න මට හොඳ ලස්සන කොලු පැටියෙක් හම්බවුනා" කියලා.

එතකොට අර අම්මාගේ හිතවත් අය (ඒ අම්මාගේ නම කච්චානි) ඒ අම්මා ළඟට ගිහිල්ලා කිව්වා "කච්චානි, ආං උඹව ගහලා එලව ගත්ත දවසෙ ඉඳලා ඒ ගෙදරට හරි ගියා කියන්නෙ. උන්ට දැන් සරුයි කියන්නෙ. උඹව ගෙදරින් පන්නා ගත්තාට පස්සේ ලේලිට පුතෙකුත් හම්බවුණා කියන්නෙ" කියලා. එතකොට මේ අම්මාගේ හිතට උහුලාගන්න බැරි කම්පාවක් ආවා.

මැරුණ ධර්මය වෙනුවෙන් මළබතක්....

ඇය කල්පනා කළා 'එහෙනම් ඒකාන්තයෙන් ම ධර්මය මැරුණා... මැරුණා...' කියලා. ධර්මය මොකක්ද, මව්ට ගරහලා එළියට දම්මහම දරුවන්ට දියුණුවක් ලැබෙන්නෙ නෑ. නමුත් දැන් වෙලා තියෙන්නේ ඒකේ අනිත් පැත්ත. ගරහලා, තලා පෙලා මව් එළියට දම්මහම හරි ගිහින්. ඉතින් ඒ අම්මා "ඒකාන්තයෙන් ධර්මය මැරුණා. එහෙනම් මං මැරිච්ච ධර්මයට මතක බතක් උයනවා" කියලා බරණැස් චාරිත්‍රවලට අනුව තලපිටියි, හාලුයි, හැලියකුයි, හැන්දකුයි අරගෙන අමු සොහොනට ගියා.

ගිහිල්ලා මිනී ඔලු තුනක් හොයාගෙන ලිග්ගලක් හැදුවා. දර ටිකක් හොයාගෙන ලිප අවුළුවලා ළඟ තිබුණ පොකුණට ගියා. කොණ්ඩෙ කඩාගෙන පොකුණට බැහැලා තෙත කෙස් පිටින් ම, තෙත ඇඳුම් පිටින් ම ගොඩට ආවා. ඇවිල්ලා දූන් හාල් ගරනවා. මොකේටද දූන් මේ මතක දානය හදන්නේ? ධර්මය මැරිච්ච එකට. මටත් ඕක තමයි දෙන්න තිබ්බිච්ච දානෙ ඒ කාලෙ.

වෙස් වලාගත් සක් දෙවිඳු....

බලන්න මේ ලෝකයේ ස්වභාවය... ඒ කාලේ අප මහා බෝසතාණන් වහන්සේ සක් දෙවිඳු වෙලා හිටියේ. සක් දෙවිඳු දිව්‍ය නේත්‍රයෙන් ලෝකය දිහා බලද්දි අම්මා කෙනෙක් දැඩි කම්පනයකින් ධර්මය මැරිලා කියලා හිතාගෙන මතක බතක් උයන්න ලෑස්ති වෙලා ඉන්නවා දැක්කා. සක් දෙවිඳු කල්පනා කළා 'මේ අම්මා ධර්මය මැරිලා කියලා හිතාගෙන මතක බතක් උයන්න ලෑස්ති වෙලා ඉන්නවා. ධර්මය මැරිලා නෑ කියලා මං

මේ අම්මාට කියන්න ඕනෙ' කියලා. එහෙම හිතලා සක් දෙවිඳු බ්‍රාහ්මණයෙකුගේ වේශයක් අරගෙන මේ අම්මා ළඟට ආවා.

ඇවිල්ලා අම්මාගෙන් අහනවා "ඈ කච්චානි... මොකදෑ උඹ මේ තෙත වස්ත්‍රයක් ඇඳගෙන, තෙත බේරෙන කොණ්ඩෙත් කඩාගෙන හාල් ගරන්නේ? මේ අමු සොහොනට ඇවිල්ලා උඹ මේ තලපිටි බතක් උයන්නේ උඹට කන්ට ද?" කියලා. "බ්‍රාහ්මණය, මං මේ තල පිටි බත උයන්නේ මට කන්ට නොවේ. මේ ලෝකයේ ධර්මය කියලා දෙයක් තිබුණා. ඒ තමයි මව්පියන්ට සලකන්නෙ නැත්නම් එයා පිරිහෙනවා, ගුරුවරුන්ට ගරහනවා නම් එයා පිරිහෙනවා. නමුත් එබඳු කෙනා දියුණු වෙනවා නම් ධර්මය මැරිලා. ඒ මැරිච්ච ධර්මයටයි මං මේ මතක බතක් උයන්නේ" කිව්වා.

සක් දෙවිඳු වෙලා උපන්නේ ධර්මයෙන්....

එතකොට සක් දෙවිඳු කිව්වා "කච්චානි, ඕක කියන්ට කලියෙං උඹ පොඩ්ඩක් නුවණින් කල්පනා කරලා බලාපන්.... ධර්මය මැරිලා නෑ. කච්චානි උඹ දන්නවා ද නේත්‍ර දහසක් තියෙන (එක මොහොතේ දහසක් පැති බලන්න පුළුවන්) මහානුභාව සම්පන්න සක් දෙවිඳු කියලා කෙනෙක් ගැන..? සක් දෙවිඳු වෙලා උපන්නේ ධර්මයෙන් ම යි. මේ ලෝකෙ ධර්මයක් නැත්නම් සක් දෙවිඳු කියලා කෙනෙක් නෑ. මව්පියන්ට සැලකීම, වැඩිහිටියන්ට සැලකීම, බොරු නොකීම, කේළාම් නොකීම, පරුෂ වචන නොකීම, දානමාන පූජා කිරීම, තරහා සිතක් නැතිව වාසය කිරීම ආදී ධර්මයෙන් තමයි සක් දෙවිඳු උපන්නේ."

එතකොට අම්මා කියනවා "නෑ බ්‍රාහ්මණය, මං මේ කියන්නේ සීයට සීයක් ප්‍රත්‍යක්ෂ වෙච්ච් එකක්. මට පේනවා පව් කරන එවුන්ට හොඳට හරියනවා. උන්ට සරුයි. දැන් බ්‍රාහ්මණය, බලාපන් මට වෙච්ච් දේ. මං බොහොම ආදරෙන් මයෙ පුතාව හැදුවා. ලේලි ඇවිල්ලා පුතත් එක්ක එකතු වෙලා මට ගහලා ගෙදරින් පැන්නුවා. අන්න දැන් උන්ට සරුයිලු. මාව ගෙදරින් එලවගත්තාට පස්සේ ආං පුතෙකුත් හම්බ වෙලාලු. එහෙනම් ධර්මය නෑ නොවැ" කිව්වා.

සක් දෙවිඳුගෙන් උපදෙස්....

එතකොට සක් දෙවිඳු බ්‍රාහ්මණ වේශය නැති කරලා සක්‍ර දිව්‍යරාජ වේශය අරන් කිව්වා "කච්චානි, මං සක් දෙවිඳු. මම ධර්මය නිසා සක් දෙවිඳු බවට පත්වෙච්ච කෙනෙක්. ධර්මය මරන්ට කාටවත් බෑ. ධර්මය මැරෙන්නෙ නෑ. හැබැයි කච්චානි, ඒගොල්ලෝ කියනවා නම් උඹව ගෙදරින් ගහලා එලවපු නිසා ඒකුන්ට හරිගියා ය, පුතෙක් උපන්නා ය කියලා, ඔය ලේලියි, පුතාවයි, මුනුබුරාවයි තුන් දෙනා ම මං භෂ්ම කරනවා" කිව්වා.

එහෙම කියනකොට ම මේ අම්මාට අනේ මයෙ මුනුබුරාට අනතුරක් වෙයි ද කියලා සෙනෙහෙ උපන්නා. තවම මුනුබුරාව දැකලත් නෑ. ගෙවල් ගානෙ, අගුපිල් ගානෙනෙ හිටියේ. සෙනෙහෙ ඉපදිලා කියනවා "අනේ දිව්‍ය රාජය, මං එහෙම හිතලා නෙවෙයි කිව්වෙ. මට ඕනෙ මයෙ පුතයි, ලේලියි, මුනුබුරයි එක්ක සමගියෙන් එක ගෙදර වාසය කරන්නයි" කිව්වා.

එතකොට සක් දෙවිඳු "කච්චානි, බලාපංකෝ.... ඔය තියෙන්නේ ධර්මය. මෙච්චර හිංසා පීඩා කරලා ලේලි උඹව

ගෙදරින් පැන්නුවා. ඒත් උඹට ඒකි ගැන තරහක් නැනෙ. ඔය තියෙන්නේ ධර්මය. කච්චානි, දරුමුනුබුරොත් එක්ක එක ගෙදර සමගියෙන්, සන්තෝසයෙන් වාසය කරන්ට උඹ ආසයි. මං උඹේ ආසාව ඉෂ්ට කරලා දෙන්නම්. උඹ කලබල වෙන්ට එපා. උඹ ඔහොම ඉඳිං. ඒකුන් දැන් උඹ ළඟට ඒවි. ආවාට පස්සේ උඹ සමාව දීපං" කියලා සක් දෙවිඳු නොපෙනී ගියා.

නූලෙන් බේරුනා....

සක් දෙවිඳුගේ ආනුභාවයෙන් පුතාටයි ලේලිටයි එකපාරට 'අම්මා... අම්මා... අම්මා...' කියලා හිත දොඩවන්න පටන් ගත්තා. දැන් මේකෙන් මිදෙන්න බෑ. ඊට පස්සේ ළමයත් වඩාගෙන ගෙදරින් එළියට බැස්සා. බැහැලා පාරේ යන මිනිස්සුන්ගෙන් "අනේ අපේ අම්මා දැක්කා ද...? අනේ අපේ අම්මා දැක්කා ද..?" කියලා අහ අහ එනවා සොහොන පැත්තට. එනකොට අම්මා අමු සොහොනෙ ඉඳලා ඉස්සරහට එනවා. "අනේ අපේ අම්මා... මොකෝ මේ අමුසොහොනේ... මේ මක් වෙලා ද අම්මා...? අනේ අම්මා අපට සමාව දෙන්න" කියලා අර පුතයි ලේලියි වැඳවැටුනා. අම්මා සමාව දුන්නා. ඊට පස්සේ අම්මා එකපාරට මුනුබුරා වඩාගෙන ඉඹින්න පටන් ගත්තා. හැමෝම ගෙදර ගිහින් සතුටින් වාසය කළා. බුදුරජාණන් වහන්සේ වදාළා "උපාසක, එදා සක් දෙවිඳු මැදිහත් වෙලා බේරගත්තේ නැත්නම් නිරයේ" කිව්වා.

අධර්මවාදීන්ගෙන් සසුනට වන විපත....

මම නම් දකින්නේ මේ කාලේ මිනිස්සු ගොඩාක් ලෑස්ති වෙන්නේ ධර්මය මරන්ට ම යි. දැන් ඔන්න

අනිත්‍යයි දුක්ඛයි අනාත්මයි කියන ත්‍රිලක්ෂණයට වෙන අර්ථ කියනවා. පටිච්චසමුප්පාදයට වෙන අර්ථ කියනවා. මොකක්ද මේ මරන්නේ? භාග්‍යවතුන් වහන්සේගේ ධර්මයනෙ මරන්නේ. කොටසක් ගිහින් ගිහින් මේක හරි තමයි කිය කියා ඒක සමාදන් වෙනවා. ඒ රහත් වුනාය කියන පිරිසට ඊට කන්ට ඉඳිආප්ප පාර්සලුත් අරන් යනවා. "වේල් තුන කැවට කමක් නෑ. භාවනා කරගන්ට පුළුවන් නම් ප්‍රශ්නයක් නෑ" කිය කියා ශික්ෂාපදත් මරනවා.

සූකරඛත කියන සූත්‍රයේ රහතන් වහන්සේලා ගැන හොඳ ප්‍රකාශයක් සාරිපුත්තයන් වහන්සේ මේ විදිහට වදාරලා තියෙනවා. එක්තරා කාලයක බුදුරජාණන් වහන්සේ රජගහ නුවර ගිජ්ඣකූට පර්වතයේ සූකරඛත කියන ලෙනේ වැඩවාසය කළා. සූකරඛත ලෙන කියන්නේ කාශ්‍යප බුදුරජාණන් වහන්සේගේ කාලේ ඉඳලා තිබ්ච්ච ලෙනක්. කාශ්‍යප බුදුරජාණන් වහන්සේ පිරිනිවන් පෑවට පස්සේ ඒ අන්තඃකල්පය ගෙවෙන කොට ඒ ලෙන වැහිලා ගියා. ඊට පස්සේ ඌරෙක් ඇවිල්ලා මේ ලෙන හාරන්ට ගත්තා. හාරන කොට වැස්සක් වැහැලා පස් ටික හේදිලා ගිහිල්ලා ආයෙමත් ලෙන මතුවුණා. ඊට පස්සේ ඒ ලෙන පිරිසිදු කරලා කුටියක් වගේ පහසුවෙන් වැඩඉන්න පුළුවන් විදිහට බිම්බිසාර රජ්ජුරුවෝ හදවා දුන්නා.

පට්ට බේගල්....

පින්වතුනි, මේ කාලේ අර සිහි මුළා වෙච්ච එක්කෙනෙක් 'බුදුරජාණන් වහන්සේ මෙහෙ උපන්නා ය, රජගහනුවර මෙහේ තියෙන්නෙ...' කිය කිය පට්ට බේගල් කියාගෙන යනවා. කවුරුවත් ඒක ගණන් ගන්න එපා. ඒ බේගල් අනුමෝදන් වෙලා අර අක්කෝසක සූත්‍රයේ

කිව්වා වගේ භයානක ඉරණමකට යන්න එපා. ඉතින් බුදුරජාණන් වහන්සේ ඒ සූකරඛත ලෙනේ වැඩ ඉන්න කොට සාරිපුත්තයන් වහන්සේ එතනට වැඩම කරලා භාග්‍යවතුන් වහන්සේට වන්දනා කරලා පැත්තකින් වාඩිවුනා.

එතකොට බුදුරජාණන් වහන්සේ අහනවා "සාරිපුත්ත, රහත් භික්ෂුව තථාගතයන්ටත්, තථාගත ශාසනයටත් පරම ආදර ගෞරවයක් දක්වන්නේ මොකක් දැකලා ද?" කියලා. එතකොට සාරිපුත්තයන් වහන්සේ පිළිතුරු දෙනවා "ස්වාමීනී භාග්‍යවතුන් වහන්ස, **(අනුත්තරං යෝගක්ඛේමං සම්පස්සමානො)** නිවන අවබෝධ වීම ගැන තමන්ට ප්‍රත්‍යක්ෂ නිසා ඒ රහත් භික්ෂුව භාග්‍යවතුන් වහන්සේ කෙරෙහිත් බුද්ධ ශාසනය කෙරෙහිත් අප්‍රමාණ ආදර ගෞරවයක් දක්වනවා" කිව්වා. අනුත්තර යෝගක්ඛේම කියන්නේ නිවන.

අනුත්තර යෝගක්ෂේමය....

එතකොට බුදුරජාණන් වහන්සේ වදාළා "සාදු සාදු සාරිපුත්ත... සාරිපුත්ත, රහත් භික්ෂුව අනුත්තර වූ නිවන දකිමින් ම යි තථාගතයන්ටත් තථාගත ශාසනයටත් පරම ආදර ගෞරවයක් දක්වන්නේ." මේ කාලේ රහත් වෙන අය කියනවා "නෑ නෑ... මං මේ වෙහෙර විහාර වඳින්ට එච්චර කැමති නැනෙ. ඒවා වැඩක් නෑ.... ඔය ධාතු කියන්නෙත් මිනී ඇට නොවැ..." කියලා. දැක්කාද වෙනස? ඊට පස්සේ බුදුරජාණන් වහන්සේ අහනවා "සාරිපුත්ත, රහත් භික්ෂුව තථාගතයන් කෙරෙහිත් තථාගත ශාසනය කෙරෙහිත් පරම ගෞරවාදරයක් දක්වමින් ඉන්නේ යමක් දකිමින් නම්, ඒ අනුත්තර යෝගක්ඛේමය මොකක්ද?" කියලා.

පංච ඉන්ද්‍රිය ධර්ම....

එතකොට සාරිපුත්තයන් වහන්සේ පිළිතුරු දෙනවා "ස්වාමීනී භාග්‍යවතුන් වහන්ස, ඒ රහත් භික්ෂුව **(සද්ධින්ද්‍රියං භාවේති උපසමගාමිං සම්බෝධගාමිං)** කෙලෙස් සංසිඳී යන ආකාරයට, අවබෝධයට පත් වෙන ආකාරයට සද්ධා ඉන්ද්‍රිය වඩනවා. විරිය ඉන්ද්‍රිය වඩනවා, සති ඉන්ද්‍රිය වඩනවා, සමාධි ඉන්ද්‍රිය වඩනවා, පඤ්ඤා ඉන්ද්‍රිය වඩනවා. ස්වාමීනී, අනුත්තර යෝගක්ඛේමය කියන්නේ මෙයටයි." "සාදු සාදු සාරිපුත්ත, **(ඒසෝ හි සාරිපුත්ත අනුත්තරෝ යෝගක්ඛේමෝ)** සාරිපුත්තය, ඕක ම යි අනුත්තර යෝගක්ෂේමය. ඒ කියන්නේ කෙලෙස් සංසිඳෙන ආකාරයට, අවබෝධය සම්පූර්ණ වන ආකාරයට සද්ධා ඉන්ද්‍රිය, විරිය ඉන්ද්‍රිය, සති ඉන්ද්‍රිය, සමාධි ඉන්ද්‍රිය, ප්‍රඥා ඉන්ද්‍රිය වැඩීමයි."

සද්ධා ඉන්ද්‍රිය කිව්වේ භාග්‍යවතුන් වහන්සේගේ අවබෝධය කෙරෙහි තියෙන විශ්වාසය. විරිය ඉන්ද්‍රිය කිව්වේ සතර සම්‍යක් පධාන වීරිය. සති ඉන්ද්‍රිය කිව්වේ සතර සතිපට්ඨානය. සමාධි ඉන්ද්‍රිය කිව්වේ සතර ධ්‍යාන. ප්‍රඥා ඉන්ද්‍රිය කිව්වේ විදර්ශනා ප්‍රඥාව. එහෙනම් රහත් භික්ෂුව තුළ තමාව හුවාදැක්වීමක් තිබිලා නෑ. රහතන් වහන්සේලා තුළ තිබිලා තියෙන්නේ තමන්ගේ ශාස්තෘන් වහන්සේ කෙරෙහිත් ශාස්තෘන් වහන්සේගේ අනුශාසනාව කෙරෙහිත් අප්‍රමාණ ආදර ගෞරවයක්.

ශාස්තෘ ගෞරවය....

ඊට පස්සේ බුදුරජාණන් වහන්සේ නැවත අහනවා "සාරිපුත්ත, ඒ රහත් භික්ෂුව තථාගතයන් කෙරෙහිත්

තථාගත ශාසනය කෙරෙහිත් දක්වන අප්‍රමාණ ආදර ගෞරවය මොන වගේ එකක් ද?" කියලා. **(ඉධ භන්තේ ඛීණාසවෝ භික්ඛු)** "ස්වාමීනී, මෙහිලා රහත් භික්ෂුව, **(සත්ථරි සගාරවෝ විහරති සප්පතිස්සෝ)** ශාස්තෘන් වහන්සේ කෙරෙහි ඉතා ගෞරව සහිතව, ශාස්තෘන් වහන්සේව ප්‍රධානත්වයෙහිලා වාසය කරයි. ඒකට තමයි පරම ගෞරවාදරය දක්වනවා කියන්නේ. තමන්ගේ අවබෝධය හුවා දක්වගන්නේ නෑ සැබෑ රහතන් වහන්සේලා. මේ කාරණය හොඳට තේරුම් ගන්න... මං මේක කියන්නේ මුළා වෙලා යන අම්මලාටයි. මුළා වෙලා ඔහේ මල්ලත් අරන් දුවනවා එක එක තැන්වලට. ඒගොල්ලෝ තමයි වැඩිපුරම වැඩේ අවුල් කරගන්නෙ. ඊළඟට කොල්ලො කුරුට්ටො කීප දෙනෙක් එකතු වෙලා ඒවා වීඩියෝ කරලා යූටියුබ් එකට දාගෙන ඩෙගා නටනවා.

රහතන් වහන්සේලාගේ ලක්ෂණ....

ඊළඟට රහත් භික්ෂුව **(ධම්මේ සගාරවෝ විහරති සප්පතිස්සෝ)** ධර්මය කෙරෙහි ගෞරව සහිතව, ධර්මයට ප්‍රධානත්වය දීලා වාසය කරනවා. 'මම මෙහෙම සමාධියෙන් හිටියා. මට අරක පෙනුනා... මට මේක පෙනුනා...' කිය කිය කරණම් ගහන්නේ නෑ. ලෝකෙ කවුරු රහත් කිවුවත්, දෙවි කෙනෙක් රහත් කිව්වත්, භික්ෂුවක් රහත් කිව්වත් ඒ රහතන් වහන්සේ තුළ මේ ලක්ෂණ දකින්ට තියෙන්න ඕනෙ. ඊළඟට **(සංඝේ සගාරවෝ විහරති සප්පතිස්සෝ)** භාග්‍යවතුන් වහන්සේගේ ශාසනයෙහි පිළිසරණ අපේක්ෂාවෙන් ධර්මයේ හැසිරෙන සංඝයා කෙරෙහි ගෞරව සහිතව, සංඝයාව ප්‍රධානත්වයෙහිලා සලකා වාසය කරයි.

(සික්ඛාය සගාරවෝ විහරති සප්පතිස්සෝ) ශික්ෂාව කිච්චේ හික්මෙන වැඩපිළිවෙළ. බුදුරජාණන් වහන්සේ පනවා වදාළ ශික්ෂාපද කෙරෙහි මහත් ආදර ගෞරවයෙන් යුක්තව, ශික්ෂාපද ගරු තන්හිලා සලකාගෙන වාසය කරනවා. ප්‍රාතිමෝක්ෂ සංවර සීලය, ඉන්ද්‍රිය සංවර සීලය, ප්‍රත්‍යසන්නිශ්‍රිත සීලය, ආජීව පාරිශුද්ධි සීලය කියලා ශික්ෂාව සතර ආකාරයි. එහෙනම් රහතන් වහන්සේලාට ප්‍රයිවට් බැන්ක් එකවුන්ට් තියෙන්න පුළුවන් ද? බෑ.

ඊනියා රහතුන්ට මුළාවෙන්න එපා....

ඊළඟට **(සමාධිස්මිං සගාරවෝ විහරති සප්පතිස්සෝ)** සමාධිය කෙරෙහිත් ගෞරව සහිතව, ප්‍රධානත්වය දීලා වාසය කරනවා. කවුරුහරි භාවනා කර කර ඉන්නවා නම් එයා ඒකට බාධා කරන්නේ නෑ. බුදුරජාණන් වහන්සේ එසේ මෙසේ කෙනෙකුගෙන් නෙවෙයි මේක ඇහුවේ. ප්‍රඥාවෙන් අග්‍රේෂ්වර ධර්ම සේනාධිපතීන් වහන්සේගෙන්. "භාග්‍යවතුන් වහන්ස, ක්ෂීණාශ්‍රව භික්ෂුව (සියලු ආශ්‍රවයන් ක්ෂය කරගත් භික්ෂුව) භාග්‍යවත් අරහත් සම්බුදුරජාණන් වහන්සේ කෙරෙහිත් තථාගත ශාසනය කෙරෙහිත් **(පරමනිපච්චකාරෝ)** පරමාදර ගෞරව දක්වනවා කියන්නේ මේකටයි."

දැන් මේ කියන විදිහට රහත් භික්ෂුව "හා... මම රහත්. වරෙල්ලා වාදෙට..." කියලා වාද කරන්ට ලෑස්ති ද? නෑ. මොකද හේතුව, රහත් භික්ෂුව තුළ තියෙනවා ශාස්තෲන් වහන්සේ කෙරෙහි ගෞරවය, ධර්මය කෙරෙහි ගෞරවය, ශ්‍රාවක සංඝයා කෙරෙහි ගෞරවය, සිල් පද කෙරෙහි ගෞරවය, සමාධිය කෙරෙහි ගෞරවය. බණ

කියන භික්ෂුව තුළ මේ ගුණ නැත්නම් බණ අහන අයට ඒ ගුණධර්ම පිහිටයි ද? නෑ. එතකොට වෙන්නේ අසන්නන් මේක රඟ මඬලක් කරගන්නවා.

ක්ෂණ සම්පත්තිය අහිමි කරගන්න එපා....

මයික් එකක් කටට දීපු ගමන් ඉවරයි. වර්ණනා කර කර ඔක්කොම කියනවා "අනේ මං භාවනා කරද්දි මට මෙහෙම වුනා... ඔබවහන්සේට බොහෝම පින් සිද්ධ වෙනවා... ඔබවහන්සේ බුදු වෙන්න ඕනෙ... මාව සිව් අපායෙන් නිදහස් කළා... මං අමා නිවන දැක්කා..." කියලා ගෑණු ටික ටොම් පච කියනවා. මං දන්නවානෙ හැටි. ඒ රටාව තුළ තවත් අවුල් වෙනවා මිසක් කිසිම පිළිසරණක් නෑ. දැන් බලන්න මේ බුද්ධ දේශනා කොච්චර පැහැදිලි ද. කොච්චර නිර්මල ද.

ඔබ හොඳට මතක තියා ගන්න, මේ විදිහේ ධර්මයක් සමහර විට අපි අහන්නේ මේ කාලෙ අහන ටික විතරයි. මොකද හේතුව, අපේ ආච්චිලා සීයලාට මේවා අහන්න ලැබුණේ නෑ. ඒගොල්ලන්ට අහන්ට ලැබුණේ කඨින චීවරේ මහණකොට ගහන ඉඳිකටු පාරක් ගානේ සක්විති රාජ සම්පත් හම්බ වෙනවා කියලයි. සක්විති රාජ සම්පත් ඕන නෑ, මරණින් මත්තේ සතර අපායේ නොයා ඉන්න තියෙනවා නම් ඒත් ඇතිනෙ. එහෙමවත් ලැබුනෙ නෑනෙ.

සසුනට ගැරහීමේ ප්‍රතිඵල....

අර අක්කෝසක සූත්‍රයට අනුව සියලු දෙනා සසුනට ගැරහීමේ ප්‍රතිඵල ලබ ලබ ඉඳලා තියෙන්නේ. අපි ජ්‍යොතිෂ්‍ය මිසදිටුවක් කියලා කියද්දි කොටසකට කේන්ති

ගිහිල්ලා මොකද කරන්නේ, මේක බුද්ධ ශාසනයත් එක්ක ගලපන්න ගන්නවා. ඔන්න ආයෙ අක්‍රෝෂයක්, ආයෙ ආර්ය උපවාදයක්. තව කොටසක් ඕක සමාදන් වෙනවා. එතකොට තවත් ආර්ය උපවාදයක්.

ඊළඟට තවත් විශේෂ දෙයක් මං ඔබට කියන්නම්. මං විශ්ව විද්‍යාලෙ ගියේ එක්දාස් නවසිය අසූපහේ. ඒ කාලෙත් රැග් එකට අපට කුණුහරප ම යි කියන්න දෙන්නේ. බුදුරජාණන් වහන්සේ, රහතන් වහන්සේලා සම්බන්ධ කරගෙන කියන කුණුහරප. අපේ ෆයිල් පුරවලා තිත්ත කුණුහරප. පැවිද්දෝ වෙලත් අපට රැග් දෙන්නෙ එහෙමයි. ශාසනයක් ඉතුරු වෙයිද එතකොට...?

මෙහෙමත් විනාශයක්....!

ඒ විදිහට ආර්ය උපවාදවලට ලක් වෙච්ච අය තමයි ඉතින් අනාගතයේ නායක හාමුදුරුවරු වෙලා ප්‍රධානත්වයේ ඉන්නේ. හොඳ වෙලාවට ඒ ආර්ය උපවාදයට මං අහුවුනේ නෑ. මගේ වාසනාවට එදා මට තිබුනේ බංකුවක් යට රිංගන්නයි සුරුට්ටු බොන්නයි. ඒ නිසා ඒක කරලා මං බේරුණා. මං මේවා කියන්නේ, මිනිස්සු මේ ශාසනයට වෙන හානි දැනගන්න ඕනෙ නිසයි. මේ එක්දාස් නවසිය අසූපහේ.

මට මතකයි එක දවසක් ඔක්කොම හාමුදුරුවරු ටික තොරණක වගේ අත් ඇඟිලිවලින් ලයිට් පත්තු කර කර ඉන්නවා. ලස්සන පෙනුම තියෙන තරුණ හාමුදුරු කෙනෙක් හිටියා අපිත් එක්ක. ඒ උන්නාන්සේට කිව්වා "උඹ හිටපං මේක මැද්දේ බුදුහාමුදුරුවෝ විදිහට" කියලා. දූන් බුදුහාමුදුරුවෝ විදිහට ඉඳගෙන ස්වයං වින්දනයේ

යෙදෙනවා. ඕක තමයි තොරණ. දෙපැත්තෙන් තව කට්ටියක් ඉඳගෙන කුණුහරුප කවි කියනවා. ඔය රැග් තිබුනේ එක්දස් නවසිය අසූපහේ. ඔක්කොටම බයිට් එකට ගන්නේ ත්‍රිවිධ රත්නය. මේ වෙද්දි ඔය රැග් එක කොහොම ඔඩු දුවලා ඇද්ද...! දැන් තත්වය මීටත් වඩා භයානක ඇති.

කී දෙනෙකුට මේ විපත වෙලා ඇත්ද....!

මේ ළඟදි විශ්ව විද්‍යාලෙ යන ගෑණු ළමයෙක් අඬාගෙන මෙහෙට ආවා. එයාට රැග් එකට දීලා තියෙන්නේ සාරිපුත්ත මොග්ගල්ලාන අග්‍රශ්‍රාවකයන් වහන්සේලාට විරුද්ධව කුණුහරුප සිංදු කියන්නයි. තරුණ වයසේ ළමයි ඔක්කෝම මේ රැග් එකට අහුවෙලා ආර්ය උපවාද කරගන්නවා. අනිත් කොටස ආර්ය උපවාද කරවනවා. මේ පිරිස සමාජයේ ඉහළ තත්වෙට යනවා. සමහරු දොස්තරලා වෙනවා, සමහරු ඉංජිනේරුවෝ වෙනවා, සමහරු නීතීඥයෝ වෙනවා. කොහේ හරි මගඵල දෙනවා කියලා කිව්වට පස්සෙ ධර්මයට තියෙන ආසාව නිසා එතනට යනවා. ගියපු ගමන් මුළා වෙනවා. අර අක්කෝසක සූත්‍රයට අනුව වැඩේ වෙනවා. මගඵල නොලබා මගඵල ලැබුවා කියන මාන්නය ඇති වෙනවා.

මේ පාපයෙන් ගැලවෙන්න නම්....

හුඟක් අය කියනවනෙ ඕකට වැඩිපුර අහුවෙන්නෙ උගත් අය කියලා. ඇයි උගත් අය අහුවෙන්නෙ? හොඳට බැලුවොත් ඒ අය විශ්වවිද්‍යාලෙ රැග් එක කාලේ ආර්ය උපවාද කරගෙන. මෙතන ඉන්නවා නම් විශ්ව විද්‍යාලෙ ගියපු අය දන්නවා ඇති රැග් එක කාලේ ඇතුළේ

තත්වය. දැන් නම් ඊට වඩා බොහොම භයානකයි තත්වය. සමහරවිට ඔබ අතිනුත් වෙලා ඇති ඒ වගේ භයානක ආර්ය උපවාද. එහෙම වෙලා තියෙනවා නම් අපට එක ම පිළිසරණක් තියෙනවා.

ඒ තමයි රුවන්වැලි මහාසෑයට ගිහිල්ලා, භාග්‍යවතුන් වහන්සේව බැහැදකලා, තුන්වටක් බුදු ගුණ කිය කියා මහාසෑය පැදකුණු කරලා, මල් පහන් පූජා කරලා "අනේ ස්වාමීනී භාග්‍යවතුන් වහන්ස, මං ඉගෙන ගන්නා කාලේ නොදැනුවත්ව මගේ අතින් මෙහෙම ආර්ය උපවාද වෙලා තියෙනවා. අනේ භාග්‍යවතුන් වහන්ස, මට සමාව දෙන සේක්වා!" කියලා වන්දනා කරලා සමාව ගන්න. ඊට පස්සේ හිතේ මුළාවක් වෙන්න තියෙනවා නම් ඒවා බේරිලා යයි.

සුදු රෙද්දෙන් පව් වහන්න බෑ....

මගේ අතින් එහෙම ආර්ය උපවාද වුන බවක් මට මතක නෑ. හොඳ වෙලාවට මං ඒගොල්ලන්ට අහුවුනේ නෑ. මං පහුවෙලා ගියේ. ඒ නිසා තෝ වර කියලා මාව වෙන එකකට ඇදන් ගියා. එකෙන් මං බේරුණා. මං කිව්වෙ අනිත් අයට වෙන දේ. හැබැයි මං අර තොරණ වැඩ කරනවා, කුණුහරුප කවි කියනවා දැක්කා. ඒ උන්නාන්සේලා මේ වෙනකොට සමහරවිට සිවුරු ඇරලා ඇති. ඒ ඔක්කෝම ආර්ය උපවාදවලට අහුවුනා නේද? ඕන්න බලන්න ඉගෙන ගන්න ගිහිල්ලා වෙන දේවල්. ඒ නිසා අපි හිතනවාට වඩා මේ තත්වය භයානකයි.

අපි මේ ඔක්කොම වහගන්න යන්නෙ සුදු රෙද්දෙන්, පිංකම්වලින්, නායක පදවිවලින්, පොඩි පොඩි තනතුරු සම්මානවලින්. මේවා වහන්න බෑ. මේවා හිතේ

තියෙනවා. මං කිව්වේ ඒකයි ධර්මය මරන්න බෑ කියලා. ධර්මය මරන්න හැදුවොත් ඒ මරන්න හදන කෙනා ම මැරිලා යයි, ධර්මය මැරෙන්නෙ නෑ. ඒ වගේ රටාවල් තුළ හිටපු අයට තමයි අපි මේ බණ කියන්නෙ. සාමාන්‍යයෙන් අපි හිතාගෙන ඉන්නේ 'දැන් අපි වැඩසටහන්වලට එනවා. බණ අහනවා. අපි ඉක්මනට මාර්ගය වඩාගන්න ඕනෙ' කියලනෙ. නමුත් ඒකට වුවමනා කරන භූමිය ඕන.

සත්පුරුෂ භූමියට පැමිණෙන්න....

ගහක් කොළක් පැළවෙන්ට වුනත් පොළොවක් ඕනනෙ. පොළොව නැත්නම් කොහොමද ගස් කොළන් පැලවෙන්නෙ..? ඒ වගේ කෙළෙහිගුණ දන්නා, කෙළෙහිගුණ දකිනා සත්පුරුෂ භූමියේ ඉඳලයි මේ සියලු ගුණ වඩන්න තියෙන්නේ. සත්පුරුෂ භූමිය වනසාගෙන, බුදුරජාණන් වහන්සේ උපන්න තැනටත් ගරහාගෙන, සම්බුද්ධත්වයට පත් වූ තැනටත් ගරහාගෙන, දහම් දෙසූ තැනටත් ගරහාගෙන, පිරිනිවන් පා වදාළ තැනටත් ගරහාගෙන කෙනෙක් මගඵල ලබනවා කියනවා නම්, ඒක මාරයා නමැති අකුරු තුනේ එක්කෙනා දෙන එකක් මිසක් බුද්ධ ශාසනයෙන් ලැබෙන එකක් නම් නෙවෙයි.

මං ඉස්සර හිතුවේ නෑ එච්චර ඒවායින් සමාජයට හානි වෙලා තියෙනවා කියලා. දැන් තමයි තේරෙන්නේ භයානක විදිහට අභ්‍යන්තර ගුණවලට, යෝනිසෝ මනසිකාරයට හානි වෙලා තියෙනවා කියලා. හානි වුණාට පස්සේ බේරෙන එක ලේසි නෑ. ඒ නිසා පින්වත්නි, අපි හොඳට තේරුම් ගන්න ඕනෙ ඒක.

අද අපි ඉගෙන ගන්නවා ලස්සන සූත්‍රයක්. මේ සූත්‍රය තියෙන්නේ සංයුත්ත නිකායේ. ඒ කාලේ බුදුරජාණන්

වහන්සේ වැඩසිටියේ සාකේත නගරයේ අංජන වනයේ මිගදායේ. ඒ වනාන්තරයේ නම අඳුන් වනය. සමහරවිට ගස් කොළන්වලින් වැහිලා කළුවර වෙලා තිබුණ නිසා වෙන්න ඇති අංජන වනය කියලා කියන්නේ.

කුණ්ඩලිය පරිබ්‍රාජකයාගේ පුරුද්ද....

අපේ භාග්‍යවතුන් වහන්සේ රුක් සෙවනක වැඩ ඉන්නකොට කුණ්ඩලිය කියන තාපසයා භාග්‍යවතුන් වහන්සේ ළඟට පැමිණියා. ඇවිදින් භාග්‍යවතුන් වහන්සේ සමග සතුටු සාමීචි කතාවේ යෙදුනා. වෙන ආගමක කෙනෙක් නිසා මෙයා බුදුරජාණන් වහන්සේට වැන්දේ නෑ. ඉතින් මේ කුණ්ඩලිය පරිබ්‍රාජකයා බුදුරජාණන් වහන්සේ සමඟ සුහද කතාබහේ යෙදිලා ඉවරවෙලා කියනවා "භවත් ගෞතමයන් වහන්ස, **(අහමස්මි ආරාමනිසාදී පරිසාවචරෝ)** මං ඔය එක එක ආරාමවලට ගිහිල්ලා පිරිසත් එක්ක වාඩිවෙලා ඉන්න කෙනෙක්.

භවත් ගෞතමයන් වහන්ස, මගේ ස්වභාවය මේකයි. මං උදේට මොනවාහරි කාලා හිටං ආරාමයෙන් ආරාමයට, උයනෙන් උයනට ඔහේ ඇවිදගෙන යනවා. යනකොට ඒ ඒ තැන්වල මට පේන්නේ, ඇතැම් ශ්‍රමණ බ්‍රාහ්මණවරු කට්ටිය එකතු වෙලා වාද විවාදවලින් ජය ගන්න විදිහ ගැන කතා කර කර ඉන්නා බවයි. 'අපි ඒගොල්ලන්ගෙන් මෙහෙම අහමු. එතකොට ඒකුන් මෙහෙම උත්තර දේවි. එතකොට අපි මෙහෙම කියමු. එතකොට මෙහෙම කියාවි. එතකොට අපි මෙහෙම කියමු...' ආදී වශයෙන් පිරිස මැද්දට ගිහිල්ලා වාද විවාද කරලා, කෝලහාල කරලා ජය ගන්ට තමයි මේකුන් කතා වෙන්නේ. **(උපාරම්භානිසංසා)** අන් අයට ගරහලා

පැරැද්දවීම අනුසස් කරගෙන තමයි මුන්දලාගේ කතාව තියෙන්නේ. භවත් ගෞතමයන් වහන්සේ මොකක් ආනිසංස කරගෙන ද ඉන්නේ?" කියලා ඇහුවා.

විද්‍යා විමුක්ති ඵල....

එතකොට බුදුරජාණන් වහන්සේ වදාළා "කුණ්ඩලිය, තථාගතයන් වහන්සේ වාසය කරන්නේ **(විජ්ජාවිමුත්තිඵලානිසංසො)** විද්‍යා විමුක්ති ඵල අනුසස් කරගෙනයි" කියලා. විද්‍යාව කිව්වේ චතුරාර්ය සත්‍ය ධර්මය පිරිපුන් වශයෙන් අවබෝධ කිරීම. විමුක්තිය කිව්වේ නිකෙලෙස් වීම. කුණ්ඩලිය ඊළඟට අහනවා "භවත් ගෞතමයන් වහන්ස, ඔය විද්‍යා විමුක්ති සම්පූර්ණ වෙන්නේ මොන වගේ ධර්මයක් දියුණු කරගත්තොත් ද?" කියලා. බලන්න මේ කුණ්ඩලිය කියන පුද්ගලයා මොනතරම් නුවණැත්තෙක් ද කියලා. මේ කෙනා ඊට පස්සේ අහන ප්‍රශ්න අපට නම් හිතන්නවත් බෑ. විද්‍යා විමුක්ති ඵල ආනිසංස කරගෙන තථාගතයෝ වාසය කරනවා කියලා කිව්වාට පස්සේ අපි නම් 'අනේ සාදු සාදු' කියලා නිකම් ඉඳීවි. අපේ කතාව එතනින් සමාප්තයි. ඔතනින් එහාට අපට තේරෙන්නෙ නැනෙ. අන්න ඒකයි මෙකල මනුස්සයන්ගේ තියෙන බිඳවැටීම.

සප්ත බොජ්ඣංග....

කුණ්ඩලිය අහනවා "භවත් ගෞතමයන් වහන්ස, ඔය විද්‍යා විමුක්ති සම්පූර්ණ වෙන්නේ මොන වගේ ධර්මයක් දියුණු කරගත්තොත් ද? මොන වගේ ධර්මයක් බහුල වශයෙන් පුරුදු කිරීමෙන් ද?" කියලා. එතකොට භාග්‍යවතුන් වහන්සේ පිළිතුරු දෙනවා "කුණ්ඩලිය,

සප්ත බොජ්ඣංග ධර්මයන් බහුල වශයෙන් වැඩි දියුණු කරගැනීමෙන් තමයි විද්‍යා විමුක්ති සම්පූර්ණ වෙන්නේ” කියලා. බලන්න, කුණ්ඩලිය අහපු ප්‍රශ්නයෙන් කොච්චර ලස්සන දහම් කතාවක් විවෘත වෙනවාද කියලා. ඔබ දන්නවා සප්ත බොජ්ඣංග කියන්නේ සති - ධම්මවිචය - විරිය - පීති - පස්සද්ධි - සමාධි - උපෙක්ඛා කියන මේ ගුණ ධර්ම හත යි. මේවා තමයි අවබෝධයට සම්පූර්ණයෙන් රුකුල් දෙන්නේ.

සති කිව්වේ සිහිය. ධම්මවිචය කිව්වේ ධර්මය නුවණින් විදර්ශනා කිරීම. විරිය කිව්වේ අකුසල් ප්‍රහාණයටත් කුසල් උපදවන්ටත් තමන් තුළ බලවත්ව ඇති වෙච්ච වීරිය. පීති කිව්වේ අකුසල් ප්‍රහාණයෙන් තමන් තුළ හටගත්ත ප්‍රීතිය. පස්සද්ධි කිව්වේ කායික මානසික සැහැල්ලුව. සමාධි කිව්වේ චිත්ත ඒකාග්‍රතාවය. උපේක්ෂා කිව්වේ සිත කිසි දේකට අමුතුවෙන් උදම් වෙන්නේ නැතුව, කලබල නැතුව, මධ්‍යස්ථව තිබීම. මෙන්න මේ ලක්ෂණ තමයි ආර්ය සත්‍ය අවබෝධයට උපකාරී වන ප්‍රධාන දේ.

කුණ්ඩලිය කියන්නේ නුවණැත්තෙක්....

බුදුරජාණන් වහන්සේ වදාළා මේ සප්ත බොජ්ඣංග ධර්මයන් වැඩීමෙන් බහුල වශයෙන් පුරුදු කිරීමෙන් තමයි විද්‍යා විමුක්ති සම්පූර්ණ වෙන්නේ කියලා. සාමාන්‍යයෙන් අපි නම් ඊට පස්සේ අහන්නෙ “ස්වාමීනී භාග්‍යවතුන් වහන්ස, ඒ සප්ත බොජඣංග මොනවාද?” කියලනෙ. කුණ්ඩලිය අහන්නෙ ඒක නෙවෙයි. මෙයා අහනවා ඊළඟට “භවත් ගෞතමයන් වහන්ස, සප්ත බොජ්ඣංග සම්පූර්ණ වෙන්නේ මොන වාගේ ධර්මයක් පුරුදු කළෝතින් ද?” කියලා.

බුදුරජාණන් වහන්සේ වදාළා "කුණ්ඩලිය, සතර සතිපට්ඨානයන් පුරුදු කිරීමෙන්, බහුල වශයෙන් වැඩීමෙන් සප්ත බොජ්ඣංග සම්පූර්ණ වෙනවා" කියලා. සතර සතිපට්ඨාන මොනවද? කය ගැන සිහිය පිහිටුවා ගැනීම කායානුපස්සනා. විදීම් ගැන සිහිය පිහිටුවා ගැනීම වේදනානුපස්සනා. සිත ගැන සිහිය පිහිටුවීම චිත්තානුපස්සනා. නීවරණ - පංච උපාදානස්කන්ධ - ආයතන ආදී ධර්මයන් ගැන සිහිය පිහිටුවා ගැනීම ධම්මානුපස්සනා. සප්ත බොජ්ඣංග සම්පූර්ණ වෙන්න නම් මේ සතර සතිපට්ඨාන බහුල වශයෙන් වැඩිය යුතුයි.

ත්‍රිවිධ සුචරිතයත් ඕනෙ....

දැන් ආගන්තුක පැවිද්දෙක් නෙ මේ ඔක්කොම අහන්නෙ. එතකොට මේ පැවිද්දාට අහන්න ලැබෙන මේ ඔක්කොම අලුත් වචන. අපි නම් එතන ඉන්නේ, අපි අහයි "භවත් ගෞතමයන් වහන්ස, සතිපට්ඨානය කියන්නේ මොකක්ද?" කියලා. මෙයා ඒක නෙවෙයි ඇහුවේ. මෙයා අහනවා "භවත් ගෞතමයන් වහන්ස, ඒ සතර සතිපට්ඨාන සම්පූර්ණ වෙන්ට මොන වගේ ධර්මයක් ද පුරුදු කළ යුත්තේ? මොන වගේ ධර්මයක් ද බහුල වශයෙන් කළ යුත්තේ?" කියලා. "කුණ්ඩලිය, සතර සතිපට්ඨාන සම්පූර්ණ වෙන්ට නම් ත්‍රිවිධ සුචරිතය බහුල වශයෙන් පුරුදු කරන්ට ඕනෙ" කියනවා.

ත්‍රිවිධ සුචරිතය කියන්නේ කයින් සුචරිතයේ යෙදීම, වචනයෙන් සුචරිතයේ යෙදීම, මනසින් සුචරිතයේ යෙදීම. කයින් සුචරිතයේ යෙදෙනවා කියන්නේ ප්‍රාණඝාතයෙන් වැළකීම, සොරකමින් වැළකීම, වැරදි කාම සේවනයෙන් වැළකීම. පැවිද්දෙක් නම් බ්‍රහ්මචාරීව සිටීම. වචනයෙන්

සුචරිතයේ යෙදෙනවා කියන්නේ බොරු කියන්නෙ නෑ, කේළාම් කියන්නෙ නෑ, පරුෂ වචන කියන්නේ නෑ, හිස් වචන, විහිළු තහළු, අල්ලාප සල්ලාප, දෙතිස් කතා ආදියෙන් වැළකී සිටීම. මනෝ සුචරිතය කියන්නේ අනුන් සතු දේට ආසා කරන්නේ නෑ, අනුන් කෙරෙහි තරහ වෛර තියාගෙන ඒක පැහැව පැහැව ඉන්නෙ නෑ. සම්මා දිට්ඨියෙන් යුක්තව වාසය කරනවා. මේ ත්‍රිවිධ සුචරිතය බහුල වශයෙන් වඩන්න ඕනෙ කියනවා සතර සතිපට්ඨානය සම්පූර්ණ වෙන්ට නම්.

ඉන්ද්‍රිය සංවරය ගැන විශේෂ විග්‍රහයක්....

ඊට පස්සේ කුණ්ඩලිය අහනවා "භවත් ගෞතමයන් වහන්ස, මේ ත්‍රිවිධ සුචරිතය සම්පූර්ණ වෙන්ට මොන වගේ දෙයක් ද පුරුදු කළ යුත්තේ? මොන වගේ දෙයක් ද බහුල වශයෙන් කළ යුත්තේ?" කියලා. "කුණ්ඩලිය, ත්‍රිවිධ සුචරිතය සම්පූර්ණ වෙනවා ඉන්ද්‍රිය සංවරය බහුල වශයෙන් වැඩීමෙන්." මේ සූත්‍රයේ හරී ලස්සනට බුදුරජාණන් වහන්සේ ඉන්ද්‍රිය සංවරය ගැන විස්තර කරනවා. "කුණ්ඩලිය, ඉන්ද්‍රිය සංවරය මොන විදිහට ද වඩද්දි ද, බහුල වශයෙන් පුරුදු කරද්දි ද ත්‍රිවිධ සුචරිතය සම්පූර්ණ වෙන්නේ?

(ඉධ කුණ්ඩලිය භික්ඛු චක්ඛුනා රූපං දිස්වා) කුණ්ඩලිය, මෙහිදී භික්ෂුවට ඇස් දෙකෙන් රූපයක් පේනවා. **(මනාපං නාභිජ්ඣති නාභිහංසති)** සිත්කලු රූපයට ආසාව උපද්දවන්නේ නෑ. ඒකට ඇලෙන්නෙ නෑ. ආයෙ මට මේක දකින්ට ඇත්නම් හොඳයි කියලා සිතිවිලි උපද්දවන්නේ නෑ. **(න රාගං ජනේති)** රාගය උපද්දවන්නේ නෑ. **(තස්ස ඨිතෝ ච කායෝ හෝති)**

ඔහුගේ කයේ වෙනස්කමක් ඇති කරගන්නේ නෑ. (**ඨිතං චිත්තං**) සිතේ වෙනස්කමක් ඇති කරගන්නෙත් නෑ. (**අජ්ඣත්තං සුසණ්ඨිතං**) ආධ්‍යාත්මයේ හිත හොඳට පිහිටලා තියෙනවා. ඒ කියන්නෙ තමන් පුරුදු කරන ධර්මයේ හිත හොඳට පිහිටලා තියෙනවා. (**සුවිමුත්තං**) අර ඇහෙන් දැකපු රූපෙත් එක්ක හිතේ සම්බන්ධයක් නෑ. හිත නිදහස්.

බැගෑපත් නොවන සිතක්....

සාමාන්‍ය මනුස්සයාට වෙන්නේ, ඇහෙන් රූපෙ දැක්ක ගමන් වැලි ගොඩකට තෙල් වක්කළා වගේ ඒ රූපෙ සුටුස් ගාලා හිත ඇතුලට ගිහින් පැලපදියං වෙනවා. සැඩ පහරකට අහුවුණා වගේ, සුළියට අහුවුනා වගේ ඇහෙන් රූපෙ දැක්කා විතරයි, මේන්න ඒ රූපෙ හිතේ වැඩ කරනවා. ඊළඟට (**චක්ඛුනා ඛෝ පනේව රූපං දිස්වා අමනාපං**) ඇහෙන් අමනාප රූපයක් දැකලා (**න මංකු හෝති**) හිත හකුලාගන්නේ නෑ. (**අපතිත්ථිනචිත්තෝ**) ඇවිස්සිච්ච හිතක් පවත්වන්නෙ නෑ. මේකෙ ලස්සන වචනයක් තියෙනවා (**අදීනමනසෝ**) දීන මනසක් නැතුව ඉන්නවා.

ඒ කියන්නේ අමනාප රූපයක් දැක්කාට පස්සේ අනේ මට මේක දකින්න නැත්නම් හොඳයි කියලා හිත බැගෑපත් වෙන්නේ නෑ. (**අබ්‍යාපන්නචේතසෝ**) තරහා නොගත්ත සිතක් ඇතිව ඉන්නවා. (**තස්ස ඨිතෝ ච කායෝ**) එයාගේ කය රත් වෙන්නෙ නෑ. සාමාන්‍යයෙන් ඇහෙන් අමනාප රූපයක් දැක්ක ගමන් ඒක කයට දැනෙනවා. කය රත් වෙනවා. ඉන්ද්‍රිය සංවරය පුරුදු කරන කෙනා එහෙම වෙන්න දෙන්නේ නෑ. (**ඨිතං චිත්තං**) සිත

කලබලත් නෑ. **(අජ්ඣත්තං සුසණ්ඨිතං)** මනාකොට සිත පිහිටලා තියෙනවා. **(සුවිමුත්තං)** ද්වේෂයෙන් මනාකොට හිත නිදහස් වෙලා තියෙනවා.

බලවත්ව ධර්මයේ සිත පිහිටා තිබිය යුතුයි....

ඊළඟට බුදුරජාණන් වහන්සේ වදාරනවා **(පුනචපරං කුණ්ඩලිය)** "කුණ්ඩලිය, මේකෙ තව එකක් තියෙනවා. **(සෝතේන සද්දං සුත්වා)** ඒ වගේ ම කනෙන් ශබ්දයක් අහලා මනාප ශබ්දයට ආශා කරන්නේ නෑ. රාගය උපද්දවන්නේ නෑ. එයාගේ කය වෙනස් නොවී එහෙමම තියෙනවා. සිතත් එහෙමම තියෙනවා. ආධ්‍යාත්මයෙහි මනාකොට පිහිටලා තියෙනවා. රාගයෙන් සිත මනාකොට නිදහස් වෙලා තියෙනවා.

අපි ආසා කරන හඬක් ඇහෙද්දි, එක්කෝ මිහිරි ගීතයක් ඇහෙද්දි වැඩපල ඔක්කොම නවත්තලා 'පොඩ්ඩක් හිටපං මට මේක අහන්න' කියලා හිතයි කයයි දෙකම අපි ඒකට යොමු කරනවා නේද? නමුත් ඉන්ද්‍රිය සංවරය පුරුදු කරන කෙනාට මිහිරි ශබ්දයක් ඇහුනට සිතෙයි කයෙයි කිසි වෙනසක් ඇතිවෙන්නේ නෑ. ඒ ශබ්දය පතන්නෙත් නෑ. ඒ කෙරෙහි රාගය උපද්දවන්නෙත් නෑ. ඒක නැවත අහන්න ඕනෙ කියලා හිතන්නෙත් නෑ. එයා ඒ ශබ්දයත් එක්ක සම්බන්ධ නොවී නිදහස්ව ඉන්නවා. එහෙම වෙන්න නම් කොච්චර බලවත්ව හිත ධර්මයේ පිහිටලා තියෙන්න ඕනෙද.

අදීන මනසක් ඇති භික්ෂුව....

ඊළඟට කවුරුහරි තමන්ට බනිනවා. බනිනකොට තමන්ගේ කනට අමනාප ශබ්දයක් ඇහෙනවා. එයා

කලබල වෙන්නේ නෑ. හිතේ සන්සුන් බව නැති කරගන්නෙත් නෑ. කයයි සිතයි දෙකම ඒ විදිහට ම තියාගෙන ඉන්නවා. අදීන මනසක් ඇතුව වාසය කරනවා. සාමාන්‍යයෙන් කවුරුහරි බැන්න ගමන් අපි 'අනේ මට එහෙම කියන්න එපා... මං එහෙම කෙනෙක් නෙවෙයි... ඇයි මට මෙහෙම කියන්නේ... මං කිසි වරදක් කළේ නෑ...' කිය කිය බැගෑපත් වෙනවා නේද? එහෙම නැතුව අදීන මනසින් ඉන්නවා.

ඒ විදිහට නාසයත් සංවර කරගන්නවා. දැන් බලන්න පින්වත්නි, ඉස්සර මේ වගේ නෙවෙයි. රජ මාළිගාවල හිටපු අය, සිටු මැඳුරුවල හිටපු අය, ජීවිතේට අපිරිසිදු දේවල් දැකපු නැති අය බුදුරජාණන් වහන්සේගේ ශාසනයට ඇතුළු වෙලා, ගෙවල් ගානෙ ගිහිල්ලා, මොනවාහරි පොඩ්ඩක් වළඳලා, තමන්ගේ හිතේ කෙලෙස් නසන්ට ඕනෙ කියලා යන්නෙ අමු සොහොනටනෙ. දැන් කොහෙද අමු සොහොන්?

සුද්දන්ගේ මනස්ගාත....

සාමාන්‍යයෙන් බල්ලෙකුගේ මළකුණක් කුණු වුණාමත් කොච්චර ගඳ ද.... දැන් කාලේ 'විෂබීජ යයි. අරක යයි. මේක යයි' කිය අපේ ඔලුවලට සෞඛ්‍ය ප්‍රශ්න ඇවිල්ලනෙ හරියට. ඒ කාලේ ඒ වගේ සුද්දන්ගේ මනස්ගාත නෑනෙ. එතකොට අමුසොහොන්වල මිනී කුණු වෙලා ඕජා වැගිරෙද්දී මොනතරම් ගන්ධස්සාරයක් ඇද්ද... මළමිනී කපන තැන්වලට ගිහිල්ලා තියෙනවා නම් ඔබට යන්තම් හරි ඒ ගැන තේරුමක් ඇති.

මාත් එකපාරක් ඔය වගේ මළමිනියක් කපනවා බලන්න ගියා. එදා එතන තිබුණේ වතුරෙ ගිලිච්ච

එක්කෙනෙකුගේ මිනියක්. ඔක්කොම කුණු වෙලා පතුරු ගැලවිලා. හිස්කබල කපලා භාජනයක් ඇල්ලුවාම හරියට බඩඑළිය යනවා වගේ කුණු වෙච්ච මොළේ දියාරුවට භාජනේට වැටුනා. ඒ ගඳ උහුලගන්න බැරුව මට උගුරට ආවා. මොකද හේතුව, සුභ වශයෙන් බලලා ම ඒ ගඳ උහුලගන්න තරම් අපේ හිතේ ධෛර්යය නෑ. ඒ කාලේ අමුසොහොන්වලට ගිහිල්ලා ඒ අමනාප ගන්ධයට නොග ැටී කුණු වෙච්ච මළමිනී දිහා බලාගෙන ඉන්නකොට හිත හොඳට උපේක්ෂාවට පත් වෙනවා. ඒකට තමයි පෞරුෂය කියන්නෙ.

සිතක් නැති පිළිකුළක් ඇතිවන....

ඊළඟට දැන් වගේ නෙවෙයි, ඒ කාලේ හරියට දෙවියන් බඹුන් එනවානෙ මනුස්සයන්ට වන්දනා කරන්න. බුදුරජාණන් වහන්සේට වඳින්න දෙව්ලොවින් දෙවිවරු එනකොට අද්භූත සුවඳ හමාගෙන නෙ එන්නේ. සාමාන්‍ය මනුස්සයාගේ නහයට ඉතින් මොකක්දෝ වෙනවා ඇති. නමුත් ධර්මය පුරුදු කරන කෙනා ඒවාට කලබල නොවී ඉන්නවා. ඊළඟට (**ජිව්හාය රසං සායිත්වා**) දිවෙන් රසය විඳ මනාප රසයට නොඇලී ඉන්නවා. අමනාප රසයට නොගැටී ඉන්නවා.

දැන් අපි ගත්තොත් ඒ කාලේ පිණ්ඩපාතෙ වැඩලා දානෙ ගන්නකොට නානාප්‍රකාර ආහාර හම්බවෙනවනෙ. ඔබ අහලා තියෙනවනෙ එක දවසක් අපගේ මහා කස්සප මහරහතන් වහන්සේ පිඬු සිඟා වඩිනකොට ලාදුරු හැදිච්ච මනුස්සයෙක් බත් කකා හිටියා. උන්වහන්සේ ඒ මනුස්සයා කෙරෙහි අනුකම්පාවෙන් එතනට වැඩියා. ඒ මනුස්සයා තමන්ගේ ඉතුරු වෙච්ච

බත් ටික අතින් පාත්තරේට දානකොට සැරව පිරිච්ච ඇඟිල්ලකුත් ගැලවිලා පාත්තරේට වැටුනා. මහාකස්සප මහරහතන් වහන්සේ ඒ මනුස්සයාට පේන තැනකින් වාඩිවෙලා ඇඟිල්ල පැත්තකින් තියලා අර බත් එක වැළඳුවා. මහාකස්සප මහරහතන් වහන්සේ වදාළා ඒ දානෙ පිළිගන්න වෙලාවෙත්, ඒ ඇඟිල්ල පැත්තකින් තියන වෙලාවෙත්, දානෙ වළඳන වෙලාවෙත්, වැළඳුවාට පස්සෙවත් මං තුළ පිළිකුල් මාත්‍රයක් හටගත්තෙ නෑ කියලා. ඒක තමයි නිකෙලෙස් බව.

සමාධියත් අනිත්‍යයි....

ඊළඟට කයින් පහසක් ලැබුවට පස්සෙත් මනාප පහසට ඇලෙන්නේ නෑ. අමනාප පහසට ගැටෙන්නේ නෑ. කයයි සිතයි දෙකම සන්සුන්ව පවත්වනවා. (**මනසා ධම්මං විඤ්ඤාය**) මනසට අරමුණු එද්දි මනාප අරමුණට ඇලෙන්නේ නෑ. අමනාප අරමුණට ගැටෙන්නෙත් නෑ. අපි කියමු ඔන්න භාවනා කරද්දි අපේ හිත පොඩ්ඩක් සමාධිමත් වෙලා, හිත කය සැහැල්ලු වෙලා, ආලෝකයක් වගේ ඇවිල්ලා පුංචි සනීපයක් එනවා කියලා. ඊට පස්සේ ඒක නැති වෙච්ච ගමන් 'අනේ මට සමාධිය තිබුණා... දැන් නෑනේ...' කියලා බැගෑ වෙනවා. ආයෙ ඒකම ලබන්න පතනවා. එතකොට සිතේ කයේ සන්සුන් බව නැතිවෙනවා.

එක්කෝ තරහකාරයෝ කියපු දේවල් මොනවාහරි මතකෙට එනවා. ඕක මෙනෙහි කර කර ඉන්දෙද්දි හිතේ තරහ හටගන්නවා. ඔන්න ආයෙ ඉතින් බනින්න පටන් ගන්නවා. ගෙවල්වල හරියට එහෙම වෙනවා නේද? ඔන්න හාල් ගර ගර ඉන්දෙද්දි පරණ කේස් එකක් මතක්

වෙලා ඒක අවුස්සගෙන කෑ ගහනවා. එක්කෝ කෑම ටික උයලා, බත් ටික බෙදාගෙන කන්න ලෑස්ති වෙනකොට ඔන්න පරණ කෝන්තරයක් මතක් වෙලා ඒක ඇදලා ගන්නවා. අන්තිමට අර උයාගත්තු එක කන්න නෑ. ඒ වගේ දේවල් වෙනවා. ඉන්ද්‍රිය සංවරය පුරුදු කරන කෙනා හිතට ඒ අරමුණු ආවට ඒකත් එක්ක මිශ්‍ර වෙන්නෙ නෑ. අන්න ඒකයි සිත, කය වෙනස් නොවී තියෙන්න හේතුව. ඔය විදිහට ඉන්ද්‍රිය සංවරය පුරුදු කරගත්තොත් ත්‍රිවිධ සුචරිතය සම්පූර්ණ වෙනවා කියලා බුදුරජාණන් වහන්සේ දේශනා කළා.

ත්‍රිවිධ සුචරිතය වඩන හැටි....

ඊළඟට බුදුරජාණන් වහන්සේ වදාළා "කුණ්ඩලිය, ත්‍රිවිධ සුචරිතය කොයි විදිහට වැඩුවාම ද, කොයි විදිහට බහුල වශයෙන් පුරුදු කළාම ද සතර සතිපට්ඨානයන් සම්පූර්ණ වෙන්නේ? **(කායදුච්චරිතං පහාය කායසුචරිතං භාවේති)** කාය දුසිරිත ප්‍රහාණය කොට කාය සුචරිතය වඩනවා. වචී දුෂ්චරිතය ප්‍රහාණය කොට වචී සුචරිතය වඩනවා. මනෝ දුෂ්චරිතය ප්‍රහාණය කොට මනෝ සුචරිතය වඩනවා. ඔබ දන්නවා කාය සුචරිතය කියන්නේ ප්‍රාණඝාතයෙන් වැළකීම, අන්සතු දේවල් සොර සිතින් ගැනීමෙන් වැළකීම, පර ස්ත්‍රීන් කරා යාමෙන් වැළකීම.

ඊළඟට වචී දුෂ්චරිතය කියන්නේ වචනය වැරදි විදිහට භාවිතා කිරීම. වචනය වැරදි විදිහට භාවිතා කරනවා කියන්නෙ බොරු කීම, කේලාම් කීම, පරුෂ වචන කීම, දෙතිස් කතා, ලාමක කතා, හිස් කතා කියව කියව සිටීම. සාමාන්‍යයෙන් ගිහි ගෙවල්වල තදේට තියෙනවා කේළාම් කීම. ඒ වගේම හරියට තියෙනවා සම්ඵප්පලාප.

මේවායින් වැළකී සිටීම වචී සුචරිතය යි.

දහම් මගේ ඉදිරියට....

මනෝ සුචරිතය කියන්නේ අනුන්ගේ දේකට හිතේ ආසාව පිහිටුවා ගන්නේ නැතුව, තරහක් හිතේ පිහිටුවා ගන්නේ නැතුව මෙත් සිතින් ඉන්නවා. ඊළඟට සම්මා දිට්ඨියෙන් යුක්ත වෙනවා. සම්මා දිට්ඨිය කියන්නේ පින් පව් විශ්වාස කිරීම, මව්පියන් විශ්වාස කිරීම, මෙලොව පරලොව විශ්වාස කිරීම ආදිය යි. මේවා නැතුව ධර්ම මාර්ගය තුළ ඉදිරියට යන්න බෑ.

දැන් කාලේ මේවා මුකුත් නෑ. ගියා, වාඩි වුණා, අධිෂ්ඨාන කළා, සුටු සුටු ගාලා මගඵල ලැබෙනවා. වෙන්න බෑනෙ මේක. මං ගොඩාක් ඉස්සර ඔය කෑගල්ල පැත්තේ එක තැනකට ගියා. ඒ උපාසක උන්නැහේ අරමුණු නොදැනෙන්න සලස්වලා, හිත නිරෝධයට පත්කරනවා කියලා කියනවා. මගඵල අහලක නෑ. ඔතනට කවුරුහරි කෙනෙක් ගිහිල්ලා ඔය අත්දැකීම ලබනවා කියමු. ධර්මය දන්නේ නැත්නම් එයා රැවටෙන්නෙ නැද්ද තමන් නිරෝධ සමාපත්තියට පත් වුනා කියලා? රැවටෙනවා.

ඇතුලත් අවුල්, පිටත් අවුල්....

ඊට පස්සේ එයා මහණ වෙනවා. තමන් ධර්මයට ඇවිල්ලා කියලා හිතාගෙන ඉන්න නිසා ආයෙ එයා වෙන ධර්මයක් හොයන්න යන්නෙ නෑ. ඊට පස්සේ එයාට හිතෙන හිතෙන විදිහට දහම් කතාව තෝර තෝර යනවා. අන්න එහෙම එකක් දැන් ඔය තියෙන්නේ. ඔය කොහේ හරි තැනකට ගිහිල්ලා අවුලක් ඉගෙනගෙන, ඊට පස්සේ මහණ වෙලා, හිතට හිතෙන හිතෙන ඒවා කියනවා.

මිනිස්සු ටිකක් වටකරගන්න ඉතින් කාටද බැරි? මිනිස්සු මොනවා කිව්වත් වට වෙනවා. වරෙල්ලා ගහන්න යන්න කිව්වොත් ඒකටත් පිරිසක් එකතු කරගන්න පුළුවන්. වරෙන් පෙලපාලියක් යන්න කිවුවොත් ඒකටත් එකතු කරගන්න පුළුවන්. වරෙන් කුඹුරක් කොටන්න යන්න කිවුවොත් ඒකටත් පිරිසක් ඉන්නවා.

ගිහි පැවිදි කතාවක් නෑ. මං කිව්වොත් එහෙම 'මට අක්කර විසිපහක් හම්බ වුනා. වරෙල්ලා ඒක සුද්ද කරලා හේනක් කොටන්න යන්න' කියලා ඒකටත් පිරිසක් ඉන්නවා. ඊට පස්සේ ඒ පිරිසත් එක්ක මං ලොකු මඤ්ඤොක්කා ගොඩක් ගොඩ ගහලා, බඩඉරිඟු ගොඩක් ගොඩ ගහලා "මේං මං වගා කරපුවා" කියලා පෙන්නුවොත් මිනිස්සු "අන්න හාමුදුරුවරු... හරි අගෙයි..." කියයි. පත්තරෙන් ඇවිල්ලත් කියයි "මේං හාමුදුරු කෙනෙක් අක්කර විසිපහක ලස්සන කුඹුරක් වගා කරලා. මේවා තමයි මේ කාලේ කරන්ට ඕනෑ" කියලා. මීඩියාවලිනුත් කියයි. ඒ ජාතියේ ලෝකයක් නෙ මේක. මොකද හේතුව, ධර්මයත් නෑ, විනයත් නෑ, සාසනෙත් නෑ. නිකම් ඡායාමාත්‍ර දෙයක් මේ තියෙන්නේ. ඒකයි මේක නැති වේගෙන යන්නෙ. කවුරුවත්ම ශාසනය ගැන දන්නෙ නෑ.

කෙලෙස් තවන වීරිය....

ඊට පස්සේ බුදුරජාණන් වහන්සේ වදාළා (**කථං භාවිතා ච කුණ්ඩලිය චත්තාරෝ සතිපට්ඨානා**) "කුණ්ඩලිය, සතර සතිපට්ඨානයන් කොයි විදිහට වැඩුවොත් ද සප්ත බොජ්ඣංග ධර්මයන් සම්පූර්ණ වෙන්නෙ? කුණ්ඩලිය, මෙහිලා භික්ෂුව කය පිළිබඳ කායානුපස්සනාවෙන් වාසය කරනවා. ඒ කියන්නේ භික්ෂුව ආශ්වාස ප්‍රශ්වාසයට

සිහිය යොමු කරගෙන ඉන්නවා. එහෙම නැත්නම් ඉරියව් වලට සිහිය යොමු කරගෙන ඉන්නවා. එහෙම නැත්නම් මේ ශරීරයේ තියෙන දෙතිස් කුණපවලට සිහිය යොමු කරගෙන ඉන්නවා. එක්කෝ මේ ශරීරයේ තියෙන ධාතු ස්වභාවයන්ට සිහිය යොමු කරගෙන ඉන්නවා.

කොහොමද ඒක කරන්නේ? **(ආතාපී සම්පජානෝ සතිමා)** ආතාපී කියන්නේ කෙලෙස් තවන වීරිය. හිත කියන්නේ වෙනින් එකක්, හිත ඉල්ලන්නේ වෙනින් එකක්. ඒ ඉල්ලන දේ දෙන්නෙ නෑ. එතකොට කෙලෙස් පීඩාවට පත් වෙනවා. සම්පජානෝ කියන්නේ මනා නුවණින් යුක්තව. සතිමා කියන්නේ සිහියෙන් යුක්තව. **(විනෙය්‍ය ලෝකේ අභිජ්ඣා දෝමනස්සං)** ලෝකය කෙරෙහි තියෙන ඇලීම් ගැටීම් දෙක දුරු කරලයි සතිපට්ඨානය වඩන්න තියෙන්නේ.

බොහෝ මිනිසුන්ගේ ඉරණම....

අපේ හිතේ ස්වභාවයක් තමයි, නිතර නිතර අපේ හිත ඔය ඇලීම් ගැටීම් දෙකට වැටෙනවා. එතකොට ඉන්ද්‍රිය අසංවර වෙනවා. ඉන්ද්‍රිය අසංවර වුනහම ත්‍රිවිධ සුචරිතය නැතුව යනවා. ත්‍රිවිධ සුචරිතය නැති වෙච්ච ගමන් සිහිය නැතුව යනවා. සිහිය නැති වෙච්ච ගමන් අර ඇලුණු ගැටුණු අරමුණුවල හිත පිහිටුවාගෙන ඉන්නවා. ඊට පස්සේ මැරිලා ගිහින් පෙරේතයෝ වෙලා, සත්තු වෙලා උපදිනවා.

ආසා කළේ මුනුබුරාට නම් මුනුබුරාගේ ඇඟේ රිංගනවා. ආසා කළේ රෙදි පොට්ටනියට නම් එතනට ගිහිල්ලා ඉන්නවා. ආසා කළේ කකා බිබී ඉන්න නම් කුස්සියට ගිහිල්ලා ලිප ළඟ ඉන්නවා. ආසා කළේ වත්ත

පිටියට නම් ගිහිල්ලා පොළොවේ බඩ ගාගෙන ඉන්නවා. මේ විදිහ තමයි මැරිච්ච අය ගැන දූන් අපි දන්න විස්තර.

ගුණධර්මවල වටිනාකම....

සාමාන්‍යයෙන් වර්තමානයේ මැරෙන මනුස්සයන්ගෙන් කොටසක් පොළොවේ බඩගාගෙන ඉන්නවා. කොටසක් මුනුබුරාගේ හෝ මිණිබිරියගේ ඇඟේ වැහිලා ඉන්නවා. කොටසක් දරුවන්ගේ ඇඟේ වැහිලා ඉන්නවා. කොටසක් රෙදි පොට්ටනියේ ඉන්නවා. කොටසක් කුස්සියේ ළිප ළඟ ඉන්නවා. කොටසක් කක්කුස්සි වලේ ඉන්නවා. මේකට හේතුව බලාගෙන ගියාමයි අහුවුනේ හරියට සරණේ පිහිටලා නැතිකම කියලා. ඒකයි මං කියන්න ගත්තේ ඔක්කෝම අතඇරලා සරණේ පිහිටන්ට කියලා. මගඵල හොයන්නෙත් සරණේ පිහිටන්නෙ නැතුවයි. හිතේ පොඩි සමාධියක් ඇති වුනාම හිතනවා දූන් හරි කියලා. සමාධිය ඇති වීම හිතේ හැකියාවක් තමයි. නමුත් ගුණධර්ම නැත්නම් සත්පුරුෂ භූමිය නෑ. සත්පුරුෂ භූමිය නැත්නම් ඒ උපන්න සමාධිය නැති වෙන වෙලාව හොයන්න බෑ.

නොයෙක් භාවනා ක්‍රම....

ඊළඟට භික්ෂුව **(වේදනාසු වේදනානුපස්සී විහරති)** සැප දුක් උපේක්ෂා විඳීම් ගැනත් සිහිය පිහිටුවාගෙන ඉන්නවා. **(චිත්තේ චිත්තානුපස්සී විහරති)** සිතේ ඇතිවන වෙනස්කම් ගැනත් සිහිය පිහිටුවාගෙන ඉන්නවා. අපි ඉස්සර ධර්මය නොදන්නා කාලේ භාවනා කරද්දි හිතට තරහක් ආවොත් 'තරහක්... තරහක්...' කියලා මෙනෙහි කරනවා. ආසාවක් ආවොත් 'ආසාවක්... ආසාවක්...'

කියලා මෙනෙහි කරනවා. ඔහොම තමයි මෙනෙහි කර කර හිටියේ. බුද්ධ දේශනා ඉගෙන ගත්තාට පස්සේ තමයි තේරුනේ ඇත්තටම චිත්තානුපස්සනාව කියලා කියන්නේ මොකක්ද කියලා.

අර විදිහට කර කර ඉන්නකොටත් හිතට සැපයක් එනවා. හිත සැහැල්ලු වෙලා ගිහිල්ලා, නොදැනී ගිහිල්ලා, හිතට සනීපයක් එනවා. නමුත් ගුණධර්ම කිසි දෙයක් ලැබෙන්නෙ නෑ. ඒ වෙලාවට හිත පොඩ්ඩක් රැවටෙනවා විතරයි. ඊළඟට **(ධම්මේසු ධම්මානුපස්සී විහරති)** ධර්මයන් කෙරෙහි ධම්මානුපස්සනාවෙන් වාසය කරනවා. ඔය විදිහට කෙලෙස් තවන වීරියෙන් යුක්තව, නුවණින් යුක්තව, සිහියෙන් යුක්තව, ඇලීම් ගැටීම් දුරු කරමින් සතර සතිපට්ඨානය වඩනකොට සප්ත බොජ්ඣංග පරිපූර්ණ වෙනවා.

නිවනට නැඹුරු වූ සිතින්....

ඊළඟට බුදුරජාණන් වහන්සේ වදාරනවා "කුණ්ඩලිය, සප්ත බොජ්ඣංගයන් කොයි විදිහට දියුණු කළොත් ද විද්‍යා විමුක්ති සම්පූර්ණ වෙන්නේ? **(ඉධ කුණ්ඩලිය භික්ඛු සතිසම්බොජ්ඣංගං භාවේති)** කුණ්ඩලිය, මෙහිලා භික්ෂුව චතුරාර්ය සත්‍යාවබෝධයට උපකාර වන අංගයක් වශයෙන් සිහිය වඩනවා. කොහොමද වඩන්නේ? **(විවේක නිස්සිතං)** නීවරණයන්ගෙන් හිත බේරගෙන, **(විරාග නිස්සිතං)** විදර්ශනාව වඩලා හිත අරමුණුවල නොඇලීමට පුරුදු කරලා, **(නිරෝධ නිස්සිතං)** විදර්ශනාව වඩලා හිතේ ආසාව දුරු කිරීමට යොමු වෙලා, **(වොස්සග්ගපරිණාමිං)** නිවනට නැඹුරු වෙලා සති සම්බොජ්ඣංගය වඩනවා.

අපි භාවනාවල් ඉගෙන ගනිද්දි මේ මුකුත් දන්නෙ නෑ. අපට කියාදුන්නේ 'සති සම්බොජ්ඣංගය මට වැඩේවා' කියලා අධිෂ්ඨාන කරගෙන ඉන්න කියලයි. පස්සේ තමයි මේ ඔක්කොම රැවටිලි කියලා තේරුම් අරගෙන අත්හැරියේ. ඒ විදිහට ම තමයි ධම්මවිචය සම්බොජ්ඣංගයත් දියුණු කරන්න තියෙන්නේ. ඒ විදිහට ම තමයි විරිය සම්බොජ්ඣංගයත් දියුණු කරන්න තියෙන්නේ. ඒ විදිහට ම තමයි ප්‍රීති සම්බොජ්ඣංගයත් දියුණු කරන්න තියෙන්නේ.

ආශ්‍රවයන්ගෙන් නිදහස් වූ සිත....

ඒ ප්‍රීතියටත් නොඇලෙන මට්ටමට එනකොට මෙයා ගොඩක් දියුණු එක්කෙනෙක්. ඊළඟට පස්සද්ධියත් එහෙමයි. පස්සද්ධිය කියන්නේ කයත් හැල්લු වෙලා සිතත් හැල්ලු වෙලා තිබීම. සමාධි සම්බොජ්ඣංගය කියන්නේ සමාධිය. උපෙක්ඛා සම්බොජ්ඣංගය කියලා කියන්නේ එයාගේ හිත සමාධියට ඇලෙන්නෙත් නෑ, ප්‍රීතියට ඇලෙන්නෙත් නෑ, පස්සද්ධියට ඇලෙන්නෙත් නෑ. මේ එකකටවත් ඇලෙන්නෙ නැතිව මධ්‍යස්ථ වෙලා තියෙනවා.

එහෙම දියුණු වෙච්ච හිත තමයි නිකෙලෙස් බවට පත්වෙන්නේ. නිකෙලෙස් වෙනවා කියන්නේ හිත කෙලෙසුන්ගෙන් වෙන් වෙනවා. දැන් හිත කෙලෙස් එක්ක එකතු වෙලා තියෙන්නේ. සප්ත බොජ්ඣංග සම්පූර්ණ වුණාම කාමය නමැති ආශ්‍රවයන්ගෙන් හිත වෙන් වෙනවා. භවය නමැති ආශ්‍රවයන්ගෙන් හිත වෙන් වෙනවා. අවිද්‍යාව නමැති ආශ්‍රවයන්ගෙන් හිත වෙන් වෙනවා. වෙන් වුණාට පස්සේ හිත නිකෙලෙස්.

චතුරාර්ය සත්‍යාවබෝධය....

ඉතින් මේ විස්තරය බුදුරජාණන් වහන්සේ දේශනා කළේ භික්ෂූන් වහන්සේ නමකට නෙවෙයි, තාපසයෙකුටයි. මේ තාපසයා බුදුරජාණන් වහන්සේ ළඟට ඇවිදින් ඇහුවේ මොකක්ද? අනිත් ශ්‍රමණ බ්‍රාහ්මණවරු ඔක්කොම, වාද විවාදවලට ලේස්ති පිට, කට්ටිය එකතු වෙලා කතා කර කර ඉන්නවා. භවත් ගෞතමයන් වහන්සේ ඉන්නේ මොකක් ආනිසංස කරගෙන ද කියලයි. එතකොට බුදුරජාණන් වහන්සේ පිළිතුරු දුන්නා "කුණ්ඩලිය, තථාගතයන් වාසය කරන්නේ විද්‍යා විමුක්ති ඵල ආනිසංස කරගෙනයි" කියලා.

ඒ විද්‍යා විමුක්ති කියන ඵල දෙක ලැබෙන විදිහ තමයි ඊට පස්සේ මේ දේශනාවේ විස්තර වුනේ. සප්ත බොජ්ඣංග වඩනකොට එයාට අවබෝධ වෙනවා උපාදානස්කන්ධය, ආයතන ආදිය දුකයි කියලා. මේ දුකට හේතුව තෘෂ්ණාවයි කියලා අවබෝධ වෙනවා. තෘෂ්ණාව නැත්නම් දුක නෑ කියලා අවබෝධ වෙනවා. ඒ සඳහා තියෙන මාර්ගය ආර්ය අෂ්ටාංගික මාර්ගයයි කියලා අවබෝධ වෙනවා.

රත්නයන්ගේ පහළ වීම....

ආර්ය අෂ්ටාංගික මාර්ගය කියන්නේ පින්වත්නි, හිතන්න බැරි තරම් දුර්ලභ එකක්. ඔබ අහලා තියෙනවා සක්විති රජවරු ගැන. සක්විති රජ්ජුරුවන්ට තියෙනවා රත්න හතක්. ඒ තමයි චක්‍ර රත්නය, අශ්ව රත්නය, හස්ති රත්නය, මාණික්‍ය රත්නය, ස්ත්‍රී රත්නය, ගෘහපති රත්නය සහ පරිනායක රත්නය. මේවාට කියනවා සප්ත රත්නයන්

කියලා. බුදුරජාණන් වහන්සේ වදාළා "මහණෙනි, තථාගතයන් වහන්සේ පහළ වුණාමත් රත්න හතක් පහළ වෙනවා. ඒ තමයි සති, ධම්මවිචය, විරිය, පීති, පස්සද්ධි, සමාධි, උපෙක්ඛා කියන සප්ත බොජ්ඣංග රත්නයන්."

ඒ වගේම බුදුරජාණන් වහන්සේ වදාළා "මහණෙනි, තථාගතයන් වහන්සේ පහළ වුණහම තමයි මේ ලෝකයා සම්මා දිට්ඨිය ගැන දැනගන්නේ. තථාගතයන් වහන්සේ පහළ වුණහම තමයි මේ ලෝකයා සම්මා සංකල්ප ගැන දැනගන්නේ. තථාගතයන් වහන්සේ පහළ වුණහම තමයි මේ ලෝකයා සම්මා වාචා ගැන දැනගන්නේ. තථාගතයන් වහන්සේ පහළ වුණහම තමයි මේ ලෝකයා සම්මා කම්මන්ත ගැන දැනගන්නේ. තථාගතයන් වහන්සේ පහළ වුණහම තමයි මේ ලෝකයා සම්මා ආජීව ගැන දැන ගන්නේ. තථාගතයන් වහන්සේ පහළ වුණහම තමයි මේ ලෝකයා සම්මා වායාම ගැන දැනගන්නේ. තථාගතයන් වහන්සේ පහළ වුණහම තමයි මේ ලෝකයා සම්මා සතිය ගැන දැනගන්නේ. තථාගතයන් වහන්සේ පහළ වුණහමෙ තමයි මේ ලෝකයා සම්මා සමාධිය ගැන දැනගන්නේ. තථාගතයන් වහන්සේ පහළ වුනේ නැත්නම් මේ කිසිම දෙයක් නෑ" කියනවා.

නිමක් නොමැති සසර ගමන....

දැන් නම් අපෙන් ඇහුවොත් ආර්ය අෂ්ටාංගික මාර්ගය කියන්නේ මොකක්ද කියලා අපි සුටුස් ගාලා උත්තර දෙනවා. නමුත් බුදු කෙනෙක් කියා දෙනකම් ලෝකයේ කවුරුත් ඒ ගැන දන්නෙ නෑ. දැන් අපි කිව්වා සප්ත බොජ්ඣංග ධර්මයන් බහුල වශයෙන් වඩන කෙනාට තමයි චතුරාර්ය සත්‍යය අවබෝධ වෙන්නේ

කියලා. චතුරාර්ය සත්‍යය අවබෝධ වීමත් එක්ක තමයි ආශ්‍රව ප්‍රහාණය වෙන්නේ. ආශ්‍රව ප්‍රහාණය වීමත් එක්ක තමයි හිත සියල්ලෙන් ම නිදහස් වෙන්නේ. ආශ්‍රවයන්ගේ ග්‍රහණයෙන් හිත නිදහස් වෙච්ච ගමන් ඒ හිත පටිච්චසමුප්පාදයට අයිති නෑ. පටිච්චසමුප්පාදය නිරුද්ධයි. ආං ඒ හිත පිරිනිවන් පානවා. එතකම් අපට මේ සසරේ කොයිතරම් දුරක් කාල් ගෑවි ගෑවී යන්ට වෙයිද කියලා කිසි කෙනෙකුට කියන්න බෑ.

මං ඒකයි පින්වත්නි, මේ කාලේ "පුළුවන් තරම් මුළාවෙන එක වළක්වගන්න, රැවටෙන එක වළක්වගන්න, මෝඩකම් අඩුකරගන්න, ආවේගයට තැන දෙන්න එපා, ආර්ය උපවාද කරගන්න එපා" කිය කිය වැඩිපුර කියන්නේ. මේ අවස්ථාවේ මනාකොට තිසරණයේ පිහිටියොත්, මනාකොට හිත ශ්‍රද්ධාවේ පිහිටුවා ගත්තොත්, ඒකාන්තයෙන් ම මේක මෙහෙම ම යි කියලා හිත පහදවා ගත්තොත් ඒකෙන් ලැබෙන රැකවරණය සුළුපටු නෑ.

කුණ්ඩලිය තෙරුවන් සරණ ගියා....

මේ දේශනාව අවසන් වෙනකොට කුණ්ඩලිය වෙනස් වුනා. කුණ්ඩලිය කියනවා "භවත් ගෞතමයන් වහන්ස, හරී අසිරිමත් නොවැ. හරී පුදුම සහගතයි නොවැ. භවත් ගෞතමයන් වහන්ස, හරියට වසා තිබූ දෙයක් ඇරලා පෙන්නුවා වගේ නොවැ. මං මුළා වෙච්චි කෙනෙකුට හරි පාර කියා දුන්නා වගේ නොවැ. අන්ධකාරයේ හිටිය මනුස්සයෙකුට වටපිටාව පේන්න පහනක් දැල්වුවා වගේ නොවැ. අනේ මම භවත් ගෞතමයන් වහන්සේව සරණ යනවා. ධර්මයත් සරණ යනවා. ශ්‍රාවක සංඝයාත් සරණ

යනවා. පණ තියෙනා තුරු, දිවි හිමියෙන් තෙරුවන් සරණ ගිය උපාසකයෙක් හැටියට මාව සලකගන්නා සේක්වා!" කියනවා.

දැන් බුදුරජාණන් වහන්සේ කුණ්ඩලියට කිව්වා ද "උඹ අතෑරපන් ඔය පරණ සිස්ටම්. මේකට වරෙන්" කියලා? නෑ. බුදුරජාණන් වහන්සේ කරුණු කාරණා පැහැදිලි කළා. කුණ්ඩලිය ඒවා මනාකොට තේරුම් ගත්තා. එහෙනම් තමන්ටත් මොළේ ඩිංගිත්තක් අවශ්‍යයි. අපට තියෙන්නේ මොළේ නැති ප්‍රශ්නෙ නොවැ. ධර්මයේ නාමයෙන් නානාප්‍රකාර දේවල් තියෙද්දි තමයි අපිත් මේ ධර්මය පොඩ්ඩක් කියන්නේ. ඒ නිසා අපට මොළේ තියෙන්න ඕනෙ මේ කියන කාරණේ තෝරාබේරා ගන්ට.

ආයෙමත් අවස්ථාවක්....

හරි විදිහට සරණේ පිහිටාගෙන, හිත මේ ජරා ගොඩේ බස්සවා ගන්නේ නැතුව, මගේ මගේ කිය කියා වටපිටාවේ තියෙන අතට අහුවෙන දේවල් ඇස් පේන්නෙ නැති අය අල්ලනවා වගේ අල්ලගන්නේ නැතුව, අතට අහුවෙන දේවල් අතාරින්න දක්ෂ වෙලා ඉඳලා අඩු ගණනේ මරණින් මත්තේ දෙවියන් අතරට පැනගත්තොත් ආයෙත් අවස්ථාවක් ලැබෙනවා භාග්‍යවත් අරහත් සම්බුදුරජාණන් වහන්සේගේ ශාසනයේ ධර්මය පුරුදු කරපු, තෙරුවන් සරණේ මනාකොට පිහිටි උපාසක උපාසිකාවන්ගේ ආශ්‍රයට. පුළුවන් නම් ලබාගන්න. ඒක අපට දෙන්න බෑ. ඒක තමන්ගේ අතේ තියෙන වැඩක්.

ඉතින් මේ දේශනාවේ තියෙන ගුණධර්ම වැඩෙන සැලැස්ම අහගත්තාට පස්සේ අපි ඒ වැඩපිළිවෙළ ගැන හිත පහදවාගන්න ඕනෙ. එක ගුණධර්මයක් වැඩුවාම ඒ

වැඩුනු ගුණධර්මය නිසා ඊළඟ ගුණධර්මය වැඩෙනවා. ඒ ගුණධර්මය වැඩුවාම ඒ ගුණධර්මය නිසා ඊළඟ ගුණධර්මය වැඩෙනවා. ගුණධර්ම මෝරා යනකොට නිකෙලෙස් වෙනවා. ඒ නිසා අපටත් ඒකාන්තයෙන්ම මේ ගෞතම බුද්ධ ශාසනයේ පිළිසරණ ලබාගෙන, චතුරාර්ය සත්‍ය ධර්මය අවබෝධ කරගන්ට වාසනාව උදාවේවා!

සාදු! සාදු!! සාදු!!!

නමෝ තස්ස භගවතෝ අරහතෝ සම්මාසම්බුද්ධස්ස
ඒ භාග්‍යවත් අර්හත් සම්මා සම්බුදුරජාණන් වහන්සේට නමස්කාර වේවා!

02.
සවස් වරුවේ
ධර්ම දේශනය

සැදැහැවත් පින්වත්නි,

අද උදේ වරුවේ අපි ඉගෙන ගත්තේ බුදුරජාණන් වහන්සේ විසින් කුණ්ඩලිය කියන පරිබ්‍රාජකයාට වදාළ අති ශ්‍රේෂ්ඨ දහම් කරුණක්. ඒ වගේම රහතන් වහන්සේලා භාග්‍යවතුන් වහන්සේටත් බුද්ධ ශාසනයටත් පරම ආදර ගෞරව දක්වාගෙන වාසය කරන ආකාරය සූකරඛත කියන සූත්‍රයෙන් අපි ඉගෙන ගත්තා. ඒ සූකරඛත සූත්‍රයත් කුණ්ඩලිය සූත්‍රයත් ඇතුලත් වෙලා තියෙන්නේ සංයුත්ත නිකාය පස්වෙනි පොත් වහන්සේගේ පළවෙනි කොටසට යි. ඒ වගේම අක්කෝසක සූත්‍රය ඇසුරෙන් අපට ඉගෙන ගන්න ලැබුණා ආර්ය උපවාද කිරීමෙන් ලැබෙන විපාක ගැන.

මේවා ඉගෙන ගැනීමෙන් අපි බලාපොරොත්තු වෙන්නේ අපේ ගුණධර්ම පැත්ත ටික ටික දියුණු කරගන්නයි. අපට මේ සංසාරේ යන්ට වුනේ ගුණධර්ම නැතිකම නිසාත්, අපට බුදුරජාණන් වහන්සේ නමකගේ

ධර්මය අවබෝධ කරගන්ට බැරි වෙච්ච නිසාත්. අඩු ගණනේ තිසරණය ගැන සිතවත් පහදවාගෙන හිටියේ නැත්නම් ඒ කෙනාට තියෙන අනතුර සුළුපටු එකක් නෙවෙයි. සක්කාය දිට්ඨිය නිසා අපට බැලූ බැලුමට ඒ අනතුර පේන්නෙ නෑ. සක්කාය දිට්ඨියෙන් බලන කෙනාට හේතුඵල පේන්නෙ නෑ. එයාට පේන්නේ 'මම දකිනවා... මට පේනවා... මම හිතනවා... මම කල්පනා කරනවා...' කියලයි. එහෙම කල්පනා කරද්දි තමයි මේක අවුල් වෙන්නේ.

නිවන් දැක්කොත් මට මොකද වෙන්නේ...?

මට මතකයි සෑහෙන කාලෙකට කලින් දවසක් මම මේ නිවන ගැන කල්පනා කර කර ඉන්දෙද්දි මට හිතුනා 'දැන් මම නිවන් අවබෝධ කළොත්, මම නැතුව යනවා නෙ. ඊට පස්සේ මට මොකද වෙන්නේ?' කියලා. එතකොට හිතට තැතිගැනීමක් ආවා. එතකොට මට තේරුනා මං කල්පනා කළේ හරී මෝඩ විදිහට කියලා. මේක කල්පනා කරන්න තියෙන්නේ ඒ රටාවෙන් නෙවෙයි. හේතු නිසා හටගන්න සංසාර ගමනේ දුක් කන්දරාව හේතු නැතිවීමෙන් නැති වී යනවා කියලයි කල්පනා කරන්න තියෙන්නේ. එහෙම කල්පනා කරනකොට හිතට හරී සතුටක් ඇතිවෙලා 'අනේ මට අද අද ම වුණත් මේක අවබෝධ කරගන්න ඇත්නම් කොච්චර හොඳ ද...' කියලා හිතුනා.

සාමාන්‍යයෙන් සක්කාය දිට්ඨිය මුල් වෙලානෙ සම්පූර්ණ අපේ ජීවිත පැවැත්ම ගෙනියන්නෙ. අපි හිතන පිළිවෙළට සක්කාය දිට්ඨිය මුල් වුනොත් පොඩි දේත් අපට අමතක කරගන්න බෑ. පුංචි වෛර අමතක කරගන්න බෑ,

තරහා අමතක කරගන්න බෑ, ආසාවල් අමතක කරගන්න බෑ. මේ වගේ ලාමක දේවල් අමතක කරගන්න බැරුව අන්තිමට වැසිකිළි වළේ බැහැලා ඉන්න පණුවෙක් වගේ මේ හිත පහළට ම වැටෙනවා. අකුසලයට හිත වැටුනට පස්සේ ආයෙ ගොඩ ගන්නවා කියන එකත් ලේසි එකක් නෙවෙයි.

පෙරුම් පුරනා බෝසතුන්ටත්....

හිත නීච බවට පත් කරගෙන තමයි මේ සංසාරේ අපි ඇවිල්ලා තියන්නෙ. ශ්‍රේෂ්ඨ හිතක් පවත්වගෙන, උතුම් සිතිවිලි ගොඩක් එක්ක, උතුම් වචන කතා කර කර, උතුම් ක්‍රියා කර කර, ආපු අය නෙවෙයි අපි. "මේ සත්පුරුෂයා පාරමී ධර්ම සම්පූර්ණ කරලා අනාගතයේ ගෞතම නමින් බුදු වෙනවා" කියලා සම්බුදුරජාණන් වහන්සේලාගෙන් විවරණ ලැබූ අපෙ මහාබෝසතාණන් වහන්සේ පවා පාරමී ධර්ම පුරන කාලේ නොයේක් ආකාරයේ තිරිසන් ආත්මභාවවල උපන්නා නෙ. පාරමී බලයෙන් යුක්ත, නියත විවරණ ලැබූ මහෝත්තමයාටත් එහෙම නම්, අපි වගේ රොඩු කෑලිවලට මේ සංසාර ගමනේ තියෙන අමුතු තැන මොකක්ද..!

සංසාරේ මොකක්හරි පිනකට මනුස්ස ආත්මයක් ලැබිලා අපට පොඩ්ඩක් කතාබස් කරන්ට පුළුවන්, ඇවිදකියා ගන්ට පුළුවන්, මොනවාහරි උයාපිහාගෙන කන්ට බොන්ට පුළුවන්. මේ ටිකට නේද අපි මත් වෙලා ඉන්නේ? මේ පොඩ්ඩට මත් වෙලා, අනිත් අයටත් පහර දීගෙන, ලාමක ආශාවල්වලට යටවෙලා, හිත නීච කරගෙන ආයෙමත් මේ භයානක සසරට ම වැටෙනවා.

හිතේ නීච බව පිටින් හොයන්න බෑ....

අලුතින් මේ ලෝකෙට හම්බවෙලා තියෙන හැම දෙයක් ම තියෙන්නේ පින්වත්නි, මනුෂ්‍යයාට තව තවත් නීච වෙන්න ම යි. දැන් අපි ගත්තොත්, මොබයිල් ෆෝන් එක හම්බවෙලා තියෙන්නේ මිනිස්සුන්ට ශ්‍රේෂ්ඨ වෙන්න නෙවෙයි. ඒකෙන් මිනිස්සු තව නීච වුණා. ලැප්ටොප් නිසා තව නීච වුණා. ඉන්ටනෙට් නිසා තව නීච වුණා. නීච වෙන්නේ මනුස්සයාගේ සිත යි. ඒක පිටින් හොයන්න බෑ. හොඳට නාලා, ඔළුව පීරලා, සෙන්ට් ගහලා, ෆේෂල් කරලා ලස්සනට රෝස මල වගේ මූණ හදාගෙන, ලස්සනට ඇඳුම් ඇඳලා ඉන්නවා. ළඟින් යනකොට සඳුන් කරඬුව ඇරියා වගේ, සුවඳේ බෑ. හැබැයි හිත තියෙන්නේ වැසිකිළි වළේ බැහැපු පණුවෙක් වගේ. ඒ හිත ගොඩට ගන්ට නොවැ අමාරු. එබඳු සිතේ ඉරිසියා, වෛර, ක්‍රෝධ, එකට එක කිරිලි සුටුස් ගාලා හටගන්නවා. ඔය අතරේ ආසයි මගඵල ලබන්ටත්.

තමන්ගේ සැබෑ තත්වය තේරුම් ගන්න....

ඒ නිසා අපි ඉස්සෙල්ලාම තේරුම් ගන්ට ඕනෙ තමන්ගේ සැබෑ තත්වය. තමන් කවුද... තමන්ගේ හිතේ හැබෑ ස්වභාවය මොකක්ද... ජරා කුණු ගොඩේ බැසගත්තු හිත තමන් ගොඩට ගන්නේ කොහොමද.... කියලා කල්පනා කරන කොට තමයි 'අනේ මං මේ ඉන්න තැනින් මං මාව මුදවාගන්ට ඕනෑ. මං දැන් මැරුණොත් එහෙම මේ ජරා හිත මාව කොහේ ගෙනියයි ද දන්නෙ නෑ' කියලා භයක් හටගන්නේ. මේ ජීවිත පැවැත්ම අනාත්මයි නෙ. තමන්ගේ වසඟයේ පවත්වාගන්න පුළුවන් දේට තමයි ආත්මය කියන්නේ. තමාගේ වසඟයේ පවත්වන්ට පුළුවක් කිසිවක් නැත්නම් ආත්මයක් නෑ, අනාත්මයි.

අනාත්ම ජීවිතය තුළ බලසම්පන්නව වැඩ කරන්නේ හිතයි, කර්ම විපාකයයි, අවිද්‍යාවයි, තණ්හාවයි. මේවායින් තමයි අපිව එක එක ආත්මවලට අරගෙන යන්නේ. මොකක්දෝ පිනකට සිංහල පවුලක නාමමාත්‍රිකව හරි බෞද්ධයෝ වෙලා අපි උපන්නා. ඉපදිලා පුංචි කාලේ ඉඳලා බුදුරජාණන් වහන්සේ සරණ යනවා කිය කියා සරණ ගියා. නමුත් අපට සරණ පිහිටියේ නෑ. මේකේ බරපතලකම වැටහිලා තිබුණේ නෑ.

කැප වෙන කෙනාට බේරෙන්ට පුළුවන්....

යම් විදිහකින් කෙනෙකුගේ හිත කුණු වුණාට පස්සේ එයාගේ වචනයත් කුණු වෙනවා ම යි. හිතයි වචනයයි කුණු වෙලා කය (ක්‍රියාව) සුද්දෙට තියෙන්නේ නෑ. ක්‍රියාවත් කුණු වෙනවා ම යි. මේකෙන් ගැලවෙනවා කියන එක අපි හිතන තරම් ලේසි නෑ. ඇත්තෙන්ම තමන්ව අකුසලයට වැටෙන්ට නොදී මේකට ගොඩාක් කැප වෙන්න ඕනෙ. කැප වෙන කෙනාට නම් බේරෙන්ට පුළුවන්.

ඔබට මතකද මං අද උදේ දේශනාවෙදි කිව්වා අපට බුද්ධ ශාසනයෙන් ලැබිච්ච දුර්ලභ දෙයක් ගැන? අපි දන්නවා බෝසතාණන් වහන්සේ නේරංජරා නදීතෙර බොහෝ දුක් විඳගෙන දුෂ්කරක්‍රියා කළා. ඒ දුෂ්කරක්‍රියා කරපු කාලේ 'මං මේකෙන් එතෙර වෙන මාර්ගයක් සොයාගන්නවා ම යි' කියලා අධිෂ්ඨාන කරගෙන, උන්වහන්සේ ආහාරපාන ගැනීම පවා වර්ජනය කරලා තමන්ගේ ශරීරය ඇට සැකිල්ලක් බවට පත්වෙනකම් ම වීරිය කළා. එහෙම අධිෂ්ඨාන කරගෙන වීරිය කරලා ආත්ම කීයක් නම් උන්වහන්සේ නිකංම මැරිලා යන්ට

ඇද්ද.... සාමාන්‍යයෙන් අපි නම් විමුක්තිය උදෙසා ඒ විදිහට ඔට්ටු වෙන්නෙ නෑනෙ.

විමුක්තිය උදෙසා කළ කැපකිරීම....

අපි දන්නවා සමහර දුප්පත් අම්මලා තාත්තලා කීයක් හරි හොයාගෙන ගේ පොඩ්ඩ හදාගන්න ඕනෙ කියලා හිතාගෙන, චූටි ළමයි දාලා මැදපෙරදිග ගිහිල්ලා අනුන්ගේ වැසිකිළි හෝදනවා. මේක එහෙම එකක් නෙවෙයි. රාජ මාළිගා අතහැරලා, දුටු දුටුවන් පහදින, රන් රුවක් වගේ සිටින, ඒ වෙද්දි ලෝකයේ හිටපු ලස්සන ම කාන්තාව වුන යශෝදරාව අතහැරලා, එදා ම උපන්න පුත් රුවන අතහැරලා, සියලු සැප සම්පත් අතහැරලා, ශ්‍රමණයෙක් වෙලා ඒ කරපු දේ අපට හිතාගන්නවත් බෑ.

එහෙම අත්හැරීමක් කරලා, කැප වෙලා, වීරිය කරලා උන්වහන්සේ අන්තිමට හොයාගත්තා මධ්‍යම ප්‍රතිපදාව (**මජ්ඣිමා පටිපදා තථාගතේන අභිසම්බුද්ධා**) ඒ මධ්‍යම ප්‍රතිපදාව තමයි ආර්ය අෂ්ටාංගික මාර්ගය. අෂ්ටාංගික කියන්නේ අංග අටකින් යුක්ත. ආර්ය මාර්ගය කියන්නෙ ශ්‍රේෂ්ඨ වැඩපිළිවෙළ. අපි මේ හවස් වරුවේ ඉගෙන ගන්නේ සංයුක්ත නිකායේ මග්ග සංයුත්තයට ඇතුලත්වන විභංග සූත්‍රය. විභංග සූත්‍රය කියන්නේ ආර්ය අෂ්ටාංගික මාර්ගය බෙදා දක්වන සූත්‍ර දේශනාව.

සත්පුරුෂයන් බිහිකළේ අරිඅටැඟි මගින්....

මේ මග්ග සංයුත්තයේ ගොඩාක් තියෙන්නේ ආර්ය අෂ්ටාංගික මාර්ගය ගැනම විස්තරවන දේශනා. මේකේ මට හම්බ වුනා එක තැනක තියෙනවා "මහණෙනි, සත්පුරුෂයා කියලා කියන්නේ ආර්ය අෂ්ටාංගික

මාර්ගයේ ගියපු කෙනාටයි" කියලා. එහෙනම් මේ ලෝකයේ සත්පුරුෂයන් බිහි කළේ ආර්ය අෂ්ටාංගික මාර්ගයෙන් ම යි. ඒ නිසා ඔබ මේ ආර්ය අෂ්ටාංගික මාර්ගයේ එක් එක් මාර්ග අංගයක් ගැන "අනේ මේ මාර්ග අංග ලෝකයේ අති දුර්ලභයි නේ... මේවා ලෝකයේ දෙවියන්ට මනුස්සයන්ට කලින් අහන්ට ලැබුණේ නෑ නේ... මේවා ලෝකයේ කවුරුත් දැනගෙන උන්නෙ නෑනේ... අපේ බුදුරජාණන් වහන්සේ නේ මේවා සොයාගෙන කියා දුන්නේ..." කියලා හිතේ පැහැදීම ඇති කරගන්න. මුළු හිතින් ම ගෞරව සත්කාර පුදන්න. එහෙම හිත පහදවාගෙන ඉන්නකොට තමන්ට තමන්ගේ ශාස්තෘන් වහන්සේව වැඩිපුර මතක් වෙන්න ගන්නවා.

සංවේදී වූ දේ නිතර මතක් වෙනවා....

සාමාන්‍යයෙන් වැඩිපුර හිතට මතක් වෙන්නේ ශාස්තෘන් වහන්සේව නෙවෙයි, තමන්ට වැඩියෙන් සංවේදී වෙච්ච එකයි. කන්ට බොන්ට ආසා කෙනෙකුට නම් වැඩිපුර මතක් වෙන්නේ කෑම්බීම්. ඇඳුම් පැළඳුම්වලට ආසා කෙනාට වැඩිපුර මතක් වෙන්නේ ඇඳුම් පැළඳුම්. ගෙවල් දොරවල්වලට ආසා කෙනාට වැඩිපුර මතක් වෙන්නේ ගේ දොර. කාම සේවනයට ආසා කෙනාට කාම සේවනය ම යි මතක් වෙන්නෙ. ඒ ගැන ම මතක් කර කර අසූචි ගොඩේ පණුවා වගේ ඉන්නවා.

මේකෙන් හිත උඩට ගන්ට නම් බුදුරජාණන් වහන්සේගේ සරණ කල්පනා කරන්න ම ඕනෙ. අනිත් ඔක්කෝම සංසාරේ අපි හිතෙන් පුරුදු වෙවී හිටපුවා. අපි ලස්සන රූප ගැන හිතෙන් මවාගෙන සංතෝස වෙවී ඉඳලා තියෙනවා. හිතෙන් ම මිහිරි දේවල් ගායනා කර

කර ඉඳලා තියෙනවා. හිතෙන් ම කැම්බීම් ගැන මතක් කර කරා, කෙළ ගිල ගිල ඉඳලා තියෙනවා. හිතෙන් ම ලස්සන ඇඳුම් ඇඳ ඇඳ ඉඳලා තියෙනවා. ඒ වගේම හිතෙන් කාම සේවනය විඳ විඳ ඉඳලා තියෙනවා. හිතෙන් ගෙවල් හදලා තියනවා. මේවා තමයි අපි හිතෙන් කර කර හිටියේ.

තනියම කරගන්ට බෑ....

ඒ විදිහට බාල තත්වෙට වැටිච්ච හිත ඔසොව ගන්ට බැරිකමනේ දැන් මේ තියෙන්නේ. අපට පාලනය කරගන්ට බැරිතරම් මේ හිත හිතුවක්කාරයි. ඒ නිසා අපි ධර්මය මෙනෙහි කරන්න කොච්චර ආසා වුණත් හිත කියනවා "නෑ... අරක කරපං. නෑ... මේක කරපං' කිය කිය ආසා දෙයට ම ඇදගෙන යනවා. එතකොට තමන්ට තියෙන්ට ඕනෑ ඒකේ භයානක ආදීනව ගැන මෙනෙහි කරගන්ට පුළුවන්කමක්. බුදුකෙනෙකුගේ උදව්වෙන් මිසක් වෙන කිසිම ක්‍රමේකින් ඒක කරන්ට බෑ. සාමාන්‍ය මනුස්සයෙකුට කරන්ට තියා හිතන්ටවත් බෑ. දෙවියන්ට බඹුන්ටවත් බෑ. බුදුරජාණන් වහන්සේගේ උදව්වෙන් තමයි මේ හැම දෙයක් ම අපට කරගන්ට පුළුවන් වෙන්නේ.

උන්වහන්සේ තනියම හිත ජරාවෙන් ගොඩට ගත්තා, අකුසලයෙන් පිරිසිදු කළා, කෙලෙසුන්ගෙන් නිදහස් කරගත්තා. ඒ සඳහා උදව් වෙච්ච අංග ටික තමයි ආර්ය අෂ්ටාංගික මාර්ගය කියන්නේ. බුදුරජාණන් වහන්සේ ඒ ආර්ය අෂ්ටාංගික මාර්ගය ගැන නොයෙක් ආකාරයෙන් අපට කියා දුන්නා.

ඒකාන්තයෙන් ම නිවන් දකිනවා....

දවසක් බුදුරජාණන් වහන්සේ භික්ෂූන් වහන්සේලාගෙන් ඇහුවා "මහණෙනි, කෙනෙක් ගංගා නම් ගඟට දර කොටයක් දානවා. ඒ දරකොටය දෙපැත්තේ ඉවුරුවලට ගොඩගහන්නෙ නැත්නම්, මනුස්සයෝ ගන්නෙත් නැත්නම්, අමනුස්සයෝ ගන්නෙත් නැත්නම්, අතරමගදී කොටේ කුණු වෙන්නෙත් නැත්නම්, සුළියකට අහුවෙලා යට ගහන්නෙත් නැත්නම්, පස් කණ්ඩියක වැදිලා නවතින්නෙත් නැත්නම් ඒ කොටේට මොකද වෙන්නේ?" කියලා. භික්ෂූන් වහන්සේලා පිළිතුරු දුන්නා කොටේ කෙළින්ම මුහුදට ගහගෙන යනවා කියලා.

බුදුරජාණන් වහන්සේ ඇහුවා "ඇයි මහණෙනි, ඒක මුහුදට ගසාගෙන යන්නේ?" "ස්වාමීනී භාග්‍යවතුන් වහන්ස, ගඟ ගලන්නේ මුහුදට නිසා" කිව්වා. ඒ වගේ යම්කිසි කෙනෙක් සෝතාපන්න වුනොත් එයා නිවන කරා ම යනවා. සෝත කියන්නේ ආර්ය අෂ්ටාංගික මාර්ගය නමැති ගඟ. ආපන්න කියන්නේ ගඟට වැටුණා, පැමිණියා කියන එකයි. ගඟට වැටිච්ච කෙනා මුහුදෙන් නවතිනවා වගේ, ආර්ය අෂ්ටාංගික මාර්ගයට වැටිච්චි එක්කෙනා නවතින්නේ නිවනින්. ඒකයි සෝතාපන්න කියන වචනේ තේරුම. සෝතාපන්න කියන්නේ පාළි වචනය. අපි ඒක සිංහලෙන් කියනවා සෝවාන් කියලා.

යායුතු මග පැහැදිලියි....

යම්කිසි කෙනෙක් සෝවාන් වුණා කියලා කියන්නේ, එයා ආර්ය අෂ්ටාංගික මාර්ගයට පැමිණියා කියන එකයි. ආර්ය අෂ්ටාංගික මාර්ගයට පැමිණෙන්නේ

මුලින්. මැදිනුත් නෙවෙයි, අගිනුත් නෙවෙයි. ආර්ය අෂ්ටාංගික මාර්ගයේ පළවෙනි අංගය තමයි සම්මා දිට්ඨිය. සම්මා දිට්ඨියට පැමිණීමෙන් තමයි කෙනෙක් සෝවාන් වෙන්නේ. සම්මා දිට්ඨියට පැමිණියේ නැත්නම් එයා සෝවාන් වෙන්නේ නෑ. සම්මා දිට්ඨියෙන් යුක්ත කෙනාට ආර්ය අෂ්ටාංගික මාර්ගයේ අනිත් මාර්ග අංගත් පහසුවෙන් ඇතිකරගන්න පුළුවන්. එයාට යායුතු මාර්ගය පැහැදිලියි.

පිටිපස්සෙන් කවුරුහරි ඉඳගෙන 'මෙහෙම කරපං... මෙහෙම කරපං...' කියලා එයාව තල්ලු කරන්න අවශ්‍ය වෙන්නේ නෑ. එයා තමන් ම ඒ මාර්ගයේ ඉදිරියට යනවා. ඉතින් අපි ඒ කාලේ මේවා මුකුත් නොදන 'දනිමි දනිමි' කියලා භාවනා කරගෙන ගිහිල්ලා නොදනී ගියාට පස්සේ අපට කිව්වා "දැන් ඔයා සෝවාන් වෙලා ඉන්නේ. ඕක අධිෂ්ඨාන කරන්න" කියලා. ඉතින් අපි අධිෂ්ඨාන කරනවා 'සෝවාන් ඵලයට පත්වෙලා විනාඩි දහයක් සිටිම්වා' කියලා. ඕවා තමයි අපි කර කර හිටියේ.

සම්මා දිට්ඨිය යනු කුමක් ද...?

ඉතින් මේ විභංග සූත්‍රයේදී බුදුරජාණන් වහන්සේ වදාළා "මහණෙනි, මම ඔබට ආර්ය අෂ්ටාංගික මාර්ගය ගැන කියන්නම්. බෙදා විග්‍රහ කරන්නම්. මහණෙනි, ආර්ය අෂ්ටාංගික මාර්ගය යනු මෙයයි. ඒ තමයි සම්මා දිට්ඨි, සම්මා සංකප්ප, සම්මා වාචා, සම්මා කම්මන්ත, සම්මා ආජීව, සම්මා වායාම, සම්මා සති, සම්මා සමාධි. **(කතමා ච භික්ඛවේ සම්මාදිට්ඨි)** මහණෙනි, සම්මා දිට්ඨිය කියලා කියන්නේ මොකක්ද? මහණෙනි, දුක පිළිබඳ යම් අවබෝධ ඤාණයක් ඇද්ද, දුක උපද්දවන්න හේතු වෙච්ච කරුණු

ගැන යම් අවබෝධයක් ඇද්ද, දුක නිරුද්ධ වීම ගැන යම් අවබෝධයක් ඇද්ද, දුක නිරුද්ධ වීමේ වැඩපිළිවෙළ ගැන යම් අවබෝධයක් ඇද්ද, මෙය සම්මා දිට්ඨියයි.”

ඔබ දන්නවා බුදුරජාණන් වහන්සේ ‘ඉපදීම දුකයි, ජරාවට පත්වීම දුකයි, ලෙඩවීම දුකයි, මරණය දුකයි’ ආදී වශයෙන් දුක ගැන අපට විස්තර වශයෙන් කියාදීලා තියෙනවා. ඉපදීම දුකයි කියලා උන්වහන්සේ දේශනා කළාට අපට ඉපදීම දුකක් හැටියට තේරෙන්නේ නෑ. අපට තේරෙන්නෙ ඉපදීම සැපක් හැටියට යි. ඉපදීම දුකක් කියන කාරණය තේරුණා නම් අපි ඉපදෙන්ට ආසා කරන්නේ නෑ.

වයසට යනකොට මොනවද වෙන්නේ....

ඊළඟට ජරා ජීර්ණ වීම දුකක් කියලා අපට තරුණ කාලේ තේරෙන්නේ නෑ. ඒකට හොඳටම වයසට ගිය අය දිහා බලන්න ඕනෙ. නාකි වෙච්ච අය කොච්චර දැක්කත් අපි ඒකට ඒ තරම් අවධානයක් යොමු කළේ නැත්නම් ඒත් නාකිවීම දුකක් කියලා වැටහෙන්නේ නෑ. වයසට යනකොට මොකද වෙන්නේ? ඇස් පෙනීම ටික ටික අඩුවෙනවා. කන් ඇහීම ටික ටික අඩුවීගෙන යනවා. ඇවිදගන්න බැරිවෙනවා. වාඩිවෙලා ඉඳලා නැගිටගන්ට බෑ. නැගිටලා ඉඳලා වාඩිවෙන්ට බෑ. කකුල උස්සලා පඩියක් නැගගන්ට බෑ.

කොටින්ම මළමුත්‍ර වේගයත් පාලනය කරගන්ට බැරුව යනවා. මේ චූ බර හැදෙනවා... එහෙම්ම ම චූ යනවා... මේ කක්කා බර හැදෙනවා... එහෙම්ම ම කක්කා යනවා... තමන් දන්නෙත් නෑ. අන්තිමේදි ඇඳට ම වැටෙනවා. අත්දෙක උස්සලා ඇඳෙන්

නැගිටගන්න බෑ. දැන් ඔන්න කක්කා බරයි. "අනේ දරුවෝ, මට වැසිකිළියට යන්න උදව් කරපන්" කියලා කටින් කියාගන්ට බෑ. එහෙම්ම ම කක්කා යනවා. ඇඳේම චූ ගිහිල්ලා තමන් දන්නෙ නෑ. දැකලා නැද්ද එහෙම අය? ඕක අපට වළක්වන්න පුළුවන් ද? බෑ. නමුත් අපට තේරෙන්නේ නෑ මෙහෙම වෙන්නේ ඉපදිච්ච නිසා කියලා.

නිමා නොවන දුක....

ඊළඟට **(ව්‍යාධිපි දුක්ඛෝ)** ලෙඩවීමත් දුකයි. කොච්චර නම් මේ ශරීරයේ ලෙඩ රෝග හටගන්නවා ද... මේ කාලේ හරියට රෝග බහුලයි. ඇස්වල රෝග හටගන්න හැටි බලන්න ඇස් ඉස්පිරිතාලෙට යන්න ඕනෙ. මිනිස්සුන්ගේ කන්වල තියෙන රෝග බලන්න කන් වාට්ටුවට යන්න ඕනෙ. දත් රෝග බලන්න දත් වාට්ටුවට යන්න ඕනෙ. පිළිකා රෝහලට යන්න ඕනෙ මේ ඇඟේ හැදෙන පිළිකා බලන්න. ඊළඟට හදිසි අනතුරු වාට්ටුවට යන්න ඕනෙ අනතුරුවලින් අත පය කඩාගෙන එන හැටි බලන්න. කෙළවරක් නැතුව රෝග පීඩාවලින් විඳව විඳව විලාප දෙනවා.

මේ වගේ නොයේක් ආකාරයේ දුක් විඳ විඳ ඉන්නකොට ඔන්න මරණ දුක එනවා. අර විදිහට ජරාවට පත්වෙලා හිටියා කියලා, ලෙඩ වෙලා හිටියා කියලා එයා ජීවත් වෙන්ට ද ආසා කරන්නේ, මැරෙන්ට ද? ජීවත් වෙන්ටයි ආසා. ඇයි හේතුව? ඇඳේ වැටිලා හිටියත් තමන්ට දරුවෝ ඉන්නවා කියලා තේරෙනවා. තමන්ගේ ගේ දොරවල තමන් ඉන්නේ කියලා තේරෙනවා. තමන්ගේ වතුපිටි ටික තියෙනවා කියලා තේරෙනවා.

තමන් මැරිච්ච ගමන් තමන්ට ඒ ඔක්කොම නැතුව යනවා කියලා මහ භයක් හටගන්නවා. 'අනේ මං මේවා දාලා යන්නේ කොහොමද? මේ ඇස, කන, නාසය, දිව, ශරීරය නැතිව මං ඉන්නේ කොහොමද?' කියලා ලොකු භයක් හටගන්නවා. ඒ නිසා මරණයත් දුකයි.

අප්‍රියයන් හා එක්වීමේ දුක....

ඊළඟට ජීවත් වෙන කාලය තුළ තව විඳින්න වෙන දුක් මොනවද? **(අප්පියේහි සම්පයෝගෝ දුක්ඛෝ)** අප්‍රියයන් හා එක්වෙන්ට සිද්ධ වෙනවා. ඔන්න අල්ලපු වත්තට තරහකාරියක් එනවා. දූන් තමන් ගෙදරින් එළියට බහිනකොට පේන්නේ අර තරහාකාරි. තරහාකාරිට පේන්නේ තමාව. ඔන්න තරහකාරි බැනලා, කාරලා කෙළ ගහනවා. ඊට පස්සේ තමන් දවස ම දුකෙන් ඉන්නවා. ඊළඟට රස්සාවට ගියාට පස්සේ මොකාක්හරි කරුමෙකට තමන් මොනවා කළත් දොස් කියන මනුස්සයෙක් ළඟ වැඩ කරන්න වෙනවා. ඒ රස්සාව කරන තාක් ඊට පස්සේ දුකින් දොම්නසින් තමයි කරන්න වෙන්නේ. ඊළඟට ඔන්න බොහෝම ආදරෙන් ඉඳලා කසාද බඳිනවා. ටික කාලයක් ගියාට පස්සේ සතුරෝ වගේ. දරු පැටව්නුත් ඉන්න නිසා වෙන්වෙලා යාගන්න විදිහකුත් නෑ.

කවදා නම් අපි නිදහස් වෙමු ද...?

මේ ළඟදී අම්මා කෙනෙක් අඬ අඬා ඇවිල්ලා මට එයාගේ ජීවිත කතාව කිව්වා. ඒක අහගෙන ඉන්න අමාරුයි. ඒ අම්මාට ගහන්න මහත්තයා පස්සෙන් පන්නගෙන එනවාලු. ගේ ඇතුළෙ ම හැංගෙන්න තැනක් හදාගෙන ඒකේ හැංගිලා ඉන්නවාලු. මට කිව්වා "අනේ

ස්වාමීනී, මං ළමයි නිසා ඉවසනවා" කියලා. කසාද බැඳලා ඉවර වෙලා, ජීවිත කාලෙ ම අප්‍රියයන් හා එක්වීමේ දුක විඳිනවා. තව සමහරු බොහෝම ආදරෙන් ළමයි හදනවා. ඒ ළමයි ලොකු වුනාට පස්සේ දෙමව්පියන්ට සතුරු වෙනවා. අතේ තියෙන දේ ළඟ තියාගන්න දෙන්නේ නෑ, උදුරගන්නවා. කොච්චර නම් දෙමව්පියෝ දුක් විඳිනවා ද දරුවෝ නිසා.

ඔය අතරේ එක දරුවෙක් ඉන්නවා ආදරයෙන් සැප දුක් බලාගෙන. ඔන්න ඒ දරුවා හදිසියේ ම මැරෙනවා. හතුරෝ ටික ඔක්කොම ඉතුරු වුණා, හොඳ එකා මළා. එතකොට අර මැරිච්ච දරුවා ගැන සිහි කර කරා "අනේ මට වතුර ටිකක් දෙන්න හිටපු දරුවා... අම්මා කෑවා ද කියලා අහපු දරුවා.... අම්මා සතුටින් ද ඉන්නේ කියලා අහපු දරුවා... අනේ මට නැතිවුනා" කිය කිය වැළපෙනවා. එක්කෝ තමන් මහන්සියෙන් හරිහම්බ කරපු වස්තුව තියෙනවා නම් ඒවා හොරු ගන්නවා. මේ විදිහට අප්‍රියසම්ප්‍රයෝග දුකෙනුත් ප්‍රියවිප්‍රයෝග දුකෙනුත් මනුස්සයා හොඳටම තැලෙනවා.

යව කරල් මිටියේ උපමාව....

යවකලාපී කියන සූත්‍රයේ බුදුරජාණන් වහන්සේ හරි ලස්සන උපමාවක් දේශනා කරලා තියෙනවා. ඔන්න හන්දියක යව කරල් මිටියක් (යව කියලා කියන්නේ තිරිඟුවලට) තියලා තියෙනවා. එතකොට මිනිස්සු හයදෙනෙක් ඇවිල්ලා පොලු හයකින් ඒ තිරිඟු කරල් මිටියට ගහනවා. පොලු හයකින් ගහද්දී අර තිරිඟු කරල් මිටිය හොඳට පොඩි පට්ටම් වෙනවා, හොඳට තැලෙනවා. ඒ මිනිස්සු හයදෙනා ගියාට පස්සේ තව හත්වෙනි

මනුස්සයෙක් එනවා පොල්ලකුත් අරගෙන. ඇවිල්ලා අර තිරිඟු කරල් මිටියට ආයෙත් පහර දෙනවා. එතකොට ඒ තිරිඟු කරල් මිටිය තව තවත් තැලෙනවා.

අන්න ඒ වගේ ඇහෙන් දකින රූප නිසා, කනින් අසන ශබ්ද නිසා, නාසයට දැනෙන ගඳ සුවඳ නිසා, දිවට දැනෙන රසය නිසා, කයට දැනෙන පහස නිසා, සිතට සිතෙන සිතිවිලි නිසා මනුෂ්‍යයා හොඳටම පීඩා විඳිනවා. ඒක හරියට මිනිස්සු හය දෙනෙක් එකතු වෙලා පොලු හයකින් තිරිඟු කරල් මිටියට පහර දෙනවා වගෙයි. ඊළඟට උන්වහන්සේ වදාළා ඒ විදිහට මුළු ජීවිත කාලෙම ආයතන හයට අරමුණු වෙන දේවල් නිසා පීඩා විඳින මනුස්සයා ආයෙත් උපතක් කරා යන්ට ආසා කරනවා. ඒක හරියට හත්වෙනි පුරුෂයෙකුත් ඇවිල්ලා අර තිරිඟු කරල් මිටියට පොල්ලකින් ගහනවා වගේ වැඩක් කිව්වා. ඒ ස්වභාවය නේද මනුස්සයන් තුළ තියෙන්නේ? බලන්න මේ කියන කතාව කොච්චර ඇත්තක් ද කියලා.

දුක ගැන කෙටියෙන් කියනවා නම්....

ඊළඟට දුක්ඛාර්ය සත්‍යය ගැන විස්තර කරද්දී බුදුරජාණන් වහන්සේ වදාළා මේ සම්පූර්ණ දුක ගැන ම හකුළුවා කියනවා නම් **(සංඛිත්තේන පඤ්චුපාදානක්ඛන්ධා දුක්ඛා)** රූප, වේදනා, සඤ්ඤා, සංස්කාර, විඤ්ඤාණ කියන මේ උපාදානස්කන්ධ පහ තමයි දුක. රූප කිව්වේ සතර මහා භූතයන්ගෙන් හටගත්තු ශරීරය. වේදනා කිව්වේ ස්පර්ශයෙන් හටගන්න සැප දුක් උපේක්ෂා විඳීම්. සඤ්ඤා කිව්වේ ස්පර්ශය ප්‍රත්‍යයෙන් හටගන්න හඳුනාගැනීම. සංස්කාර කිව්වේ ස්පර්ශය නිසා හටගන්න චේතනා. විඤ්ඤාණය කිව්වේ විශේෂයෙන් දැනගැනීම.

විඤ්ඤාණය පවතින්නේ නාමරූප ප්‍රත්‍යයෙන්. විඤ්ඤාණයේ පැවැත්ම තියෙන්නේ අපේ මේ ශරීරයේ පැවැත්මත් එක්කයි. දැන් අපි කිව්වා වේදනා, සඤ්ඤා, සංස්කාර තුන ම හටගන්නේ ස්පර්ශයෙන් කියලා. ස්පර්ශය කියන්නේ කරුණු තුනක එකතුවීම. ඇහෙන් රූපයක් දකිද්දි ඒ ඇහැයි රූපයයි හිතත් (විඤ්ඤාණය) එක්ක එකතු වෙනවා. ඒකට තමයි ඇසේ ස්පර්ශය කියන්නේ. කනින් ශබ්දයක් අහද්දි ඒ කනයි ශබ්දයයි හිතත් එක්ක එකතු වෙනවා. ඒක කනේ ස්පර්ශය. දැන් ඔබට මං කතා කරන එක ඇහෙන්නේ කොහොමද? කන තියෙනවා, ඔබේ කන් බෙරේට මේ ශබ්දෙ වදිනවා. එතකොට හිතත් එක්ක සම්බන්ධ වෙනවා. සම්බන්ධ වෙලා එකක් එකක් ගානෙ ඔක්කොම වෙන් වෙන් වෙවී ඇහෙනවා. ඒ ස්පර්ශය නිසා තමයි මේ කියන කරුණු හඳුනගන්නේ. ඒ ස්පර්ශය නිසා තමයි චේතනා පහළ වෙවී ඒකට හිත යොමු කරගන්නේ.

විමුක්තිය ස්පර්ශ කිරීම....

මේ පොත් වහන්සේගේ ම තව දේශනාවක් මට හම්බවුණා උදායි සූත්‍රය කියලා. උදායි කියන රහතන් වහන්සේ බුදුරජාණන් වහන්සේ ළඟට ඇවිල්ලා අරහත්වය ප්‍රකාශ කරද්දි කියනවා "ස්වාමීනී, මම පංච උපාදානස්කන්ධය උඩුයටිකුරු කර කර, පෙරල පෙරලා නුවණින් බැලුවා. ස්වාමීනී, එහෙම බලනකොට මට අවබෝධ වුණා මේක දුකයි කියලා. මට අවබෝධ වුණා මේ දුක හටගන්නේ තෘෂ්ණාව නිසා කියලා. මට අවබෝධ වුණා තෘෂ්ණාව නැත්නම් දුකෙන් නිදහස් කියලා. මට අවබෝධ වුණා දුක නිරුද්ධ වන්නා වූ මාර්ගය ආර්ය අෂ්ටාංගික මාර්ගය ම යි කියලා.

ඉතින් ස්වාමීනී, ඒ විදිහට පුරුදු කරලා මම තෘෂ්ණාවෙන් නිදහස් වෙලා විමුක්තිය ස්පර්ශ කළා" කියලා. බුදුරජාණන් වහන්සේ උන්වහන්සේට ප්‍රශංසා කළා. එතකොට බලන්න පින්වත්නි, ඒ විදිහට පංච උපාදානස්කන්ධය පෙරල පෙරලා නුවණින් බලන්ට, එක දිගට ඒක මෙනෙහි කර කර ඉන්ට මොනතරම් හැකියාවක් තියෙන්ට ඕනෙ ද.

හිත කුසලයට ගන්ට ගොඩාක් අමාරුයි....

අද අපිට මේ හිත ඕන ජරාගොඩකට සුටුස් ගාලා මෙහෙයවන්ට පුළුවන්. ඕන අකුසලයකට මෙහෙයවන්ට පුළුවන්. ඒ විදිහට මේ හිත කුසලයකට ගන්න බෑනෙ. හරී අමාරුයි හිත කුසලයකට ගන්ට. කුසලයට ගත්තත් කුසලයේ හිත පවත්වන්න කොච්චර අමාරු ද බලන්න. මොනතරම් ඔට්ටුවක් අල්ලන්න ඕනෙද හිත කුසලයේ පවත්වගන්ට. අකුසලයට ඒ මොකවත් නෑනෙ. නිකම් ආඳා ලෙස්සලා වතුරට බහිනවා වගේ, තමන්ටත් නොදැනීම හිත අකුසලයට බහිනවනෙ. කුසලයේ හිත පිහිටුවා ගන්ට නම් අකුසල්වල විපාක ගැන භයක් ඇතිකරගන්න ඕනෙ.

ඊළඟට පින්වත්නි, බලන්න මේ හිතේ තියෙන කෙලෙස්වල ස්වභාවය. ඔබ අහලා තියෙනවා බුද්ධ කාලේ කෝකාලික කියලා භික්ෂුවක් හිටියා. ඒ තමයි කෝකාලික රටේ, කෝකාලික කියන සිටුතුමාගේ පුතා. අනේ මහණ වුණානෙ කරුමෙට. ඒකා මහණ නොවී හිටියා නම් ගෙදරට වෙලා පාඩුවේ ඉන්නවා. සිටුතුමා හැදුවා විහාරයක් කෝකාලිකාරාමය කියලා. එයා මහණ වෙලා හිටියෙත් ඒ පන්සලේ ම යි.

නැවත නැවතත් දුක ම උරුම කරගන්නවා....

ඉතින් ඒ කෝකාලික, සාරිපුත්ත - මොග්ගල්ලාන මහරහතන් වහන්සේලා පිරිකර දුන්නෙ නෑ කියලා වෛර බැඳගත්තා. වෛර බැඳගෙන අග්‍රශ්‍රාවකයන් වහන්සේලාට බනින්න පටන් ගත්තා "මේ දෑගසච්චෝ කියලා කියනවා. මේගොල්ලෝ ලාභ සත්කාරයේ බැසගෙනයි ඉන්නේ. මහිච්ඡතාවයෙන් යුක්තයි. මොන අල්පේච්ඡකමක්වත් නෑ. මොන බොරුවක් ද මේ කියන්නෙ..." කියලා. එතකොට බුදුරජාණන් වහන්සේ කෝකාලිකට කිව්වා "කෝකාලික, ඔය වෛරය අතෑරපං. ගිහින් සමාව ගනිං..." කියලා. ඒත් ඇහුවේ නෑ.

ඊළඟට පෙර ආත්මේ උපාධ්‍යාය වෙලා හිටපු කෙනෙක් තුදු කියලා බ්‍රහ්මරාජයෙක් වෙලා හිටියා. එයත් ඇවිල්ලා කිව්වා "කෝකාලික, සමාව ගනිං" කියලා. ඒත් සමාව ගත්තෙ නෑ. ලාභ සත්කාරයට තිබ්ච්ච ආසාව නිසා භයානක විදිහට පව් රැස්කරගෙන මැරිලා පදුම කියන නිරයේ උපන්නා. ඒ විදිහට මේ මනුෂ්‍යයන් චතුරාර්ය සත්‍යය හරියට තේරුම් නොගෙන වාසය කිරීම නිසා නැවත නැවතත් දුක ම යි උරුම කරගන්නේ.

ත්‍රිවිධ තෘෂ්ණාවෙන් ම දුක උපදිනවා....

ඒ දුක උපද්දවන්නේ තෘෂ්ණාවෙන්. තෘෂ්ණාව කියන එක බුදුරජාණන් වහන්සේ කාම තෘෂ්ණා, භව තෘෂ්ණා, විභව තෘෂ්ණා කියලා තුන් ආකාරයකට පෙන්වනවා. මේ ප්‍රශ්නෙ සම්පූර්ණයෙන් ම විසඳෙන්නේ මේ තෘෂ්ණා තුන ම නැති වුණා ම යි. මොකද හේතුව, කාම තෘෂ්ණාවෙනුත් දුක උපදිනවා. භව තෘෂ්ණාවෙනුත් දුක උපදිනවා. විභව

තෘෂ්ණාවෙනුත් දුක උපදිනවා. අන්න එහෙම තේරුම් ගත්තාම හරි. බුද්ධ දේශනාවේ තියෙන්නේ මේ තුන ම දුක්ඛ සමුදය කියලයි. මං එහෙම කිව්වේ, සමහරු විභව තෘෂ්ණාව කියන්නේ නිවනට ඇති කැමැත්ත කියලා වරදවා ගන්න නිසයි. එහෙම වුණා නම් ඒක දුක නිරුද්ධ වෙන එකක් මිසක් දුක හටගන්න එකක් නෙවෙයි නෙ.

කාම තෘෂ්ණාව කියලා කියන්නේ ඇහෙන් රූප දකින්ට ආසයි, කනින් ශබ්ද අහන්ට ආසයි, නාසයෙන් ගඳ සුවඳ ආඝ්‍රාණය කරන්ට ආසයි, දිවෙන් රස විඳින්ට ආසයි, කයෙන් පහස ලබන්ට ආසයි, සිතෙන් මේවා ගැන හිත හිතා ඉන්න ආසයි. ඒකට තමයි කියන්නේ කාම තෘෂ්ණාව කියලා. ඊළඟට ඒක දිගටම පවත්වන්ට ආසයි. ඒක භව තෘෂ්ණාව. ඊළඟට ඒක පවතින්නෙ නැත්නම් ආසයි. ඒක විභව තෘෂ්ණාව.

තෘෂ්ණාව වැඩකරන විදිහ හොයන්න බෑ....

අපට තේරෙන්නෙ නෑ අපේ හිතේ තෘෂ්ණාව තියෙන විදිහ. බුද්ධ දේශනාවේ තියෙන්නේ ඒක හරියට කටුවක් ඇනිලා වගේ ජීවිතේ ඇතුළට කිඳා බැහැලා තියෙන එකක් කියලා. තෘෂ්ණාව සතර මහා ධාතුවේ කිඳා බැහැලයි තියෙන්නේ, ස්පර්ශයේ කිඳා බැහැලයි තියෙන්නේ, වේදනාවේ කිඳා බැහැලයි තියෙන්නේ. සඤ්ඤාවේ කිඳා බැහැලයි තියෙන්නේ, චේතනාවේ කිඳා බැහැලයි තියෙන්නේ. විඤ්ඤාණයේ කිඳා බැහැලයි තියෙන්නේ. ඒක වෙන් වෙලා යන්නේ ආර්ය අෂ්ටාංගික මාර්ගය සම්පූර්ණ වෙච්ච දවසට යි. බුදුරජාණන් වහන්සේගේ මේ සොයා ගැනිල්ල නම් පින්වත්නි, හරිම ආශ්චර්යයි. අද්භූතයි.

ඔබ සොයනා දෙය මෙයයි....

අපි දන්නවා උන්වහන්සේ ගිහිගෙයින් නික්මිලා ගියාට පස්සේ මුලින් ම හම්බවුණානෙ ආලාර කාලාම තාපසින්නාන්සේව. ආලාර කාලාම අපේ මහබෝසතාණන් වහන්සේට "ශ්‍රමණය, ඔයා හොය හොය ඉන්න එක තමයි මේ තියෙන්නේ" කියලා ආකාසානඤ්චායතනය ගැන ඉගැන්නුවා. එතකොට මහබෝසතාණන් වහන්සේ 'නෑ නෑ... මේ මං හොයන එක නෙවෙයි' කියලා කල්පනා කරලා ඒක අතහැරියා.

ඊට පස්සේ උද්දක රාමපුත්ත ගාවට ගියා. උද්දක රාමපුත්ත ආකිඤ්චඤ්ඤායතනය උගන්වලා කිව්වා "ශ්‍රමණය, මේක තමයි ඔයා හොය හොය ඉන්න එක. මෙතනින් එහාට හොයන්න මුකුත් නෑ" කියලා. අන්න ඒකට තමයි විභව තෘෂ්ණාව කියලා කියන්නේ. මොකක්හරි සමාපත්තියක හිත පිහිටුවාගෙන, මේකයි විමුක්තිය කියලා එතන රැඳෙනවා. ඒත් අප මහා බෝසතාණන් වහන්සේ 'නෑ නෑ... මේක වෙන්න බෑ. මං හොයන විමුක්තිය මේක නෙවෙයි' කියලා ඒකත් අත්හැරියා. ඒ විදිහට අත්හැරියේ ඒ හැම දෙයක් ම අත්දැකලයි. නැතුව නිකම් නෙවෙයි.

ඔබවහන්සේ මට අමාකිරි පෙව්වා...!

අද කාලේ භාවනා වැඩසටහන ඉවරවෙලා, මයික් එකක් දීලා අපි කිව්වොත් එහෙම "ඔය අම්මා කියන්න බලන්න මේ භාවනාව ගැන සමාලෝචනයක්" කියලා ඊට පස්සේ එයා මයික් එක අතට අරගෙන "අනේ ස්වාමීනී, ඔබවහන්සේ මට අමාකිරි පෙව්වා. මං අමාකිරි බිව්වා" කියලා අමුපච කියනවා. එහෙම වෙන්නේ අවිද්‍යාව

නිසයි. මේ ත්‍රිවිධ තෘෂ්ණාව ම නිරුද්ධ වෙනවා කියන්නේ පින්වත්නි, ආශ්චර්ය අද්භූත දෙයක්.

ඔබට මතකද මං කිව්වා මේ කාලේ ලෝකයේ රහතුන් නෑ කියලා? ඇයි අපි භය නැතුව එහෙම කියන්නේ? තායිලන්තයේ ඔය 'අජාන් මුන් භූරිදත්ත, අජාන් මහබූවා' වගේ සමහර ස්වාමීන් වහන්සේලා උන්වහන්සේලාගේ පොත්වල මම රහත් කිය කිය තමන් ගැන කියනවා. මේ ළඟදි පරිවර්තනය කරලා තියෙන තව පොතක් මම දැක්කා රහත් වෙච්ච සිල්මාතාවක් ගැන තියෙන 'සිල්මාතා කායිච්' කියලා. ඒ ඔක්කොම මුලා වෙලා. ඒ පොත් මං කියෙව්වා. ඒවායෙත් තියෙනවා සමාධියෙන් ඉන්නකොට රහතන් වහන්සේලා ඇවිල්ලා අවවාද කළා කියලා.

මනෝ විකාරවලට රැවටෙන්න එපා....

අපි ඉස්සර භාවනා කරපු තැන්වලත් එහෙම කිව්වා. ඒ කාලේ මම භාවනා කරද්දි මටත් පෙනුනා. මට රහතන් වහන්සේලා පෙනුනේ නෑ. අපට භාවනා උගන්වපු ස්වාමීන් වහන්සේ ම පෙනී ඉඳලා අවවාද කළා. මාත් හිතුවා මේක හරි තමයි කියලා. ලස්සන උපමාවලින් පෙන්වනවා. මට පෙනුනේ මේ වගේ එකක්. හොඳට මුවහත් තියපු පිහියක් තිබුණා. උන්වහන්සේ කිව්වා "ඤාණානන්ද, ඔයාට පේනවද අර කූඩුවේ ඉන්න සතා? ඔය සතා තමයි ඔයාව උපත කරා ගෙනියන්නේ. ඔය පිහිය අතට අරගෙන ඒ කූඩුවේ ඉන්න සතාව....." කියලා ඔය වගේ මොකක්ද එකක් කිව්වා. දැන් මට හරියටම මතක නෑ විස්තරේ. මං හිතුවේ ඇත්තටම මේ උපදෙස් ලැබෙනවා කියලයි. පස්සේ බැලුවාම ඒ ඔක්කොම මනෝ විකාර.

ධර්මය ගැන සැක ඉපදුනා....

බලන්න ඕනෙ එතනට එන උපාසක අම්මලා කියන දේවල්. කතා කරලා වැඩක් නෑ ඒවා ගැන. හරියට නිකම් තොවිලයක් වගේ. සමහර අම්මලා කියනවා "ස්වාමීනී, අද දේශනාව අහද්දි මං දැක්කා මේං මේ පැත්තෙන් සාරිපුත්තයන් වහන්සේ වැඩ හිටියා.... මේං මේ පැත්තෙන් මහා මොග්ගල්ලානයන් වහන්සේ වැඩ හිටියා" කියලා. ඊළඟට "ස්වාමීනී, අද මං භාවනා කරද්දි මහා ප්‍රජාපතී මෙහෙණින් වහන්සේ මට මේ විදිහට අවවාදයක් දුන්නා" කියනවා. ඉතින් උන්වහන්සේත් හා... ඉතින් ඉතින්... ඊට පස්සේ...? කියලා අහනවා. එතකොට අර අම්මා තව රස කර කර, ලුණු ඇඹුල් දදා කියනවා.

දවසක් උන්වහන්සේ මට කිව්වා "ඤාණානන්ද, රහතන් වහන්සේලා පිරිනිවන් පාලා නෑනෙ. උන්වහන්සේලා කොහේ හරි ඉන්නවා" කියලා. දැක්කාද හිතට සැකය එන විදිහ? උන්වහන්සේත් හිතාගෙන හිටියේ තමන් රහත් කියලයි. මට තියෙනවා වැඩිහිටි ගෞරවය. ඒ නිසා මං මුකුත් කිව්වෙත් නෑ, විස්තර කළෙත් නෑ. මං වචනයක් කියන්නෙ නැතුව නිශ්ශබ්ද වෙලා හිටියා. මට එවෙලේ තේරුනා උන්වහන්සේ මුළා වෙලා ඉන්නේ කියලා. නමුත් මට එකපාරට කියාගන්න බෑ. මොකද, යන එන මං නැතුව අසරණ වෙලා, තැන් තැන්වල ලැගගෙන නෙ මාත් ධර්මය හොයාගෙන ගියේ. ඔතනින් එලෙව්වොත් මටත් යන්න වෙන තැනක් නෑනෙ. ඉතින් මං නිශ්ශබ්ද වෙලා හිටියා. අර තායිලන්තයේ රහත් කියපු හාමුදුරුවරුන්ගේ පොත් කියවද්දිත් හොඳට පේනවා එයාලත් මුළාවෙලා ඉඳලා තියෙන්නේ කියලා.

අඹ පොකුරේ උපමාව....

දීඝනිකායේ පළවෙනි බ්‍රහ්මජාල සූත්‍රයේ තියෙනවා ලස්සන උපමාවක්. ඒකෙදි බුදුරජාණන් වහන්සේ වදාළා "මහණෙනි, ඔන්න අඹ ගහක අඹ පොකුරක් තියෙනවා. මේ අඹ පොකුර ම එකට එකතු වෙලා තියෙන ප්‍රධාන නැට්ට කැඩුවොත් ඒ අඹ පොකුරේ තියෙන සියලුම අඹ බිමට වැටෙනවා. අන්න ඒ වගේ තථාගතයන් වහන්සේත් මේ ලෝකයේ හැම දේකින් ම වෙන් වෙලයි ඉන්නේ. තථාගතයන් වහන්සේගේ ශරීරය තියෙනකම් විතරයි දෙව් මිනිසුන් මේ බුදු සිරුර දකින්නේ. තථාගතයන් වහන්සේ පිරිනිවන් පෑවාට පස්සේ දෙව් මිනිසුන්ට මේ බුදු සිරුර දකින්නට ලැබෙන්නේ නෑ" කියලා.

ඉස්සර සමහර තැන්වලින් අපට අහන්න ලැබුණා "භාවනා කරගෙන යනකොට ඉතිපි සෝ ගාථාව ලක්ෂ වාරයක් කියන්න. එතකොට බුදුරජාණන් වහන්සේ පෙනී ඉඳලා කමටහන් දෙයි. ඒ විදිහට කරන්න" කියලා. මං බැලුවා 'හෑ... මේ මොකක්ද? මේ බොරු ද අපට ඉගෙන ගන්න තියෙන්නේ?' කියලා. ඕවා තමයි ඒ කාලේ අපි ඉගෙන ගත්තේ.

මේ කාලේ රහතුන් නෑ....

දැන් මං මේවා කෙලින්ම කියන්නේ ආයෙත් ඒ අවුල හැමතැන ම සැරිසරණ නිසා. මේ බුද්ධ දේශනාවල් කියවන්න නොලැබුණා නම් අපිත් රැවටෙනවා. මං මේ කාලේ රහතුන් නෑ කියලා කියන්ට හේතුව තමයි මේ ත්‍රිවිධ තෘෂ්ණාව නිරුද්ධ කරන්ට මාරයා නමැති අකුරු තුනේ එක්කෙනා කිසි කෙනෙකුට ඉඩ තියන්නේ නෑ.

එයාගේ යටතේ තමයි මේ කාලේ ලෝකය තියෙන්නේ. යාන්තම් කෙනෙකුට ඕන නම් සෝවාන් වෙන්න පුළුවන් වෙයි. බොහෝ වීරිය කරලා සකදාගාමීත් වෙයි. එතනින් එහාට නම් හිතාගන්න බැරි තරම්.... අනාගාමී වුණොත් ඒකත් ආශ්චර්යයි අද්භූතයි. ඒ තරම් ම දුර්ලභයි.

ඒ ත්‍රිවිධ තෘෂ්ණාව ප්‍රහාණය වෙන්න නම් ආර්ය අෂ්ටාංගික මාර්ගය සම්පූර්ණ වෙන්න ඕනෙ. අපි කියමු කෙනෙක් රහත් ඵලයට පත් වුණා කියලා. ඒ රහතන් වහන්සේගේ ජීවිතය තුළ සම්මා දිට්ඨිය සම්පූර්ණයි. සම්මා සංකල්ප සම්පූර්ණයි. සම්මා වාචා සම්පූර්ණයි. සම්මා කම්මන්ත සම්පූර්ණයි. සම්මා ආජීව සම්පූර්ණයි. සම්මා වායාම සම්පූර්ණයි. සම්මා සති සම්පූර්ණයි. සම්මා සමාධි සම්පූර්ණයි. ඊට පස්සේ ඒ රහතන් වහන්සේගේ ජීවිතයට තව අංග දෙකක් එකතු වෙනවා. ඒ තමයි සම්මා ඤාණ සහ සම්මා විමුක්ති. ඒකයි මෙකල මේ මහ පොළොවේ රහතුන් නෑ කියලා අපි භය නැතුව කියන්නේ.

තමා තුළින් ලත් අවබෝධයක්....

ඉතින් මේ සූත්‍රයේදී බුදුරජාණන් වහන්සේ දේශනා කළා සම්මා දිට්ඨිය කියන්නේ දුක්ඛාර්ය සත්‍යය ගැන තියෙන ඤාණය, දුක උපද්දවන ත්‍රිවිධ තෘෂ්ණාව (දුක්ඛ සමුදය) ගැන තියෙන ඤාණය, තෘෂ්ණාව නිරුද්ධ වීමෙන් දුක නිරුද්ධ වෙනවා (දුක්ඛ නිරෝධය) කියන ඤාණය. ඊළඟට දුක්ඛ නිරෝධගාමිනී පටිපදාව, එහෙමත් නැත්නම් ආර්ය අෂ්ටාංගික මාර්ගය ගැන තියෙන ඤාණය. මේ කරුණු පිළිබඳව යම්කිසි කෙනෙකුට පැහැදිලි, නිරවුල්, තමන් තුළින් ම ලත් අවබෝධයක් ඇද්ද, ඒකට කියනවා සම්මා දිට්ඨි කියලා.

බුද්ධ දේශනාවල පැහැදිලිව පෙන්වා දීලා
තියෙනවා සම්මා දිට්ඨිය ඇතිවෙච්ච කෙනාටයි සම්මා
සංකල්පය ඇතිවන්නේ, සම්මා සංකල්පය ඇතිවෙච්ච
කෙනාටයි සම්මා වාචා ඇතිවන්නේ, සම්මා වාචා
ඇතිවෙච්ච කෙනාටයි සම්මා කම්මන්ත ඇතිවන්නේ,
සම්මා කම්මන්ත ඇතිවෙච්ච කෙනාටයි සම්මා ආජීව
ඇති වන්නේ, සම්මා ආජීව ඇතිවෙච්ච කෙනාටයි සම්මා
වායාම ඇතිවන්නේ, සම්මා වායාම ඇතිවෙච්ච කෙනාටයි
සම්මා සති ඇතිවන්නේ, සම්මා සති ඇතිවෙච්ච කෙනාටයි
සම්මා සමාධි ඇතිවන්නේ කියලා.

ලබ්බෙ තොවිලෙ....

ඔබට මතකද මම කලින් කියපු ගංගාවට වැටුනු
දරකොටේ උපමාව? ගඟ ගලාගෙන යන්නේ මුහුදට
නිසා, ගංගාවට වැටිච්ච දරකොටයත් ඒ ගඟ දිගේ මුහුදට
ම යනවා. ඒ වගේ ආර්ය අෂ්ටාංගික මාර්ගයට වැටුණු
කෙනා තමයි නිවනට යන්නේ. ආර්ය අෂ්ටාංගික මාර්ග
යට වැටෙන්නේ සම්මා දිට්ඨියෙන්.

පින්වත්නි, ඔබ චූටි කාලේ අහලා තියෙනවද
'ලබ්බෙ තොවිලෙ' කියලා කතන්දරයක්? ලබ්බෙ තොවිලෙ
කියන්නේ ලබු ගෙඩියක් අස්සේ තියෙන තොවිල්පලක්.
බෙරකාරයෝ නැට්ටුවෝ ඔක්කොම නටන්නේ ලබු
ගෙඩිය අස්සේ. ඒ වගේ මේ මිනිස්සුන්ගේ ඔළුව නමැති
ලබු ගෙඩිය අස්සේ කලින් කලට එක එක තොවිල්
නැටෙනවා. මට මතකයි මහමෙව්නාව පටන් අරගෙන
මුල්කාලේ මිනිස්සු අපෙන් හරියට අහනවා "ආර්ය
අෂ්ටාංගික මාර්ගය ඔහොම නෙවෙයි නේද කරන්න
තියෙන්නෙ.... සීල, සමාධි, ප්‍රඥා නෙවෙයි නේද හරි

එක.... ප්‍රඥා, සීල, සමාධි නේද?" කියලා. නමුත් මේකේ හරි එක ප්‍රඥා, සීල, සමාධි නෙවෙයි. සීල, සමාධි, ප්‍රඥා වඩනවා කියලයි අපි ඒක තේරුම් ගත යුත්තේ.

නෛෂ්ක්‍රම්‍ය සංකල්පනා....

ඉතින් පින්වත්නි, අපි මෙතෙක් වෙලා කතා කළේ සම්මා දිට්ඨිය ගැනයි. ආර්ය අෂ්ටාංගික මාර්ගයේ දෙවෙනි අංගය තමයි සම්මා සංකල්පය. සම්මා සංකල්ප කියන්නේ නෙක්ඛම්ම සංකල්ප, අව්‍යාපාද සංකල්ප, අවිහිංසා සංකල්ප. නෙක්ඛම්ම සංකල්ප කියන්නේ අත්හැරීම පිළිබඳ සංකල්පනා. මේ ජීවිතය දුකයි, මේ දුක උපද්දවන්නේ තෘෂ්ණාවෙන්, තෘෂ්ණාව නිරුද්ධ වුණොත් දුකෙන් නිදහස්, ඒ සඳහා තියෙන මාර්ගය ආර්ය අෂ්ටාංගික මාර්ගය යි කියලා අවබෝධය ඇති වුණා නම්, ඊට පස්සේ එයා මේ ස්කන්ධ, ධාතු, ආයතන ගැන අනිත්‍ය දුක්ඛ අනාත්ම වශයෙන් බල බලා ඒවා හිතෙන් අත්හරිනවා.

මේ රූප - වේදනා - සඤ්ඤා - සංස්කාර - විඤ්ඤාණ **(නේතං මම)** මගේ නොවේ, **(නේසෝහමස්මි)** මම නොවෙමි, **(න මේසෝ අත්තා)** මාගේ ආත්මය නොවේ කිය කියා මෙනෙහි කර කර ඒවා හිතෙන් අත්හරිනවා. ඊළඟට ඇස - කන - නාසය - දිව - කය - මනස මගේ නොවේ, මම නොවෙමි, මාගේ ආත්මය නොවේ කිය කියා මෙනෙහි කර කර ඒවත් හිතෙන් අත්හරිනවා. ඊළඟට පඨවි ධාතු - ආපෝ ධාතු - තේජෝ ධාතු - වායෝ ධාතු මගේ නොවේ, මම නොවෙමි, මාගේ ආත්මය නොවේ කිය කියා විදර්ශනා කර කර ඒවත් හිතෙන් අත්හරිනවා. ඒ විදිහට විදර්ශනා කරද්දි කරද්දි එයා තුළ වැඩෙන්නේ නෙක්ඛම්ම සංකල්පය යි.

මෙත් සිතින් වාසය කරනවා....

ඒ විදිහට විදර්ශනා වඩන කෙනාට ගැටෙන්න දෙයක් නෑ. මොකද හේතුව, එයා සම්මා දිට්ඨිය තුළින් හේතුඵල දකලනෙ. මේ සංසාරේ ඉපදි ඉපදි, මැරි මැරී යන්නේ දෙවි කෙනෙකුගේ කැමැත්තටත් නෙවෙයි, ඉබේත් නෙවෙයි, තමා හිතාමතා කරගෙනත් නෙවෙයි, හේතුවක් නිසා ඵල හටගන්න ධර්මතාවයෙන් කියලා එයා දකිනවනෙ. ඒ නිසා එයා ගැටෙන්නේ නෑ. ව්‍යාපාදය ඇති කරගන්නේ නෑ. එයා මෛත්‍රී සිත පිහිටුවා ගන්නවා.

දැන් කල්පනා කරලා බලන්න පින්වත්නි, බිම්බිසාර රජ්ජුරුවන්ගේ මෙත් සිත ගැන. බිම්බිසාර රජ්ජුරුවෝ සෝවාන් වෙලානෙ හිටියේ. දැක්කද හිත රැකගත්තු හැටි. බිම්බිසාර රජ්ජුරුවන්ට සුළුපටු හානියක් ද අජාසත්ත කළේ. රජකම ඉල්ලුවා, රජකම දුන්නා. රජකම දීලා තියෙද්දිනෙ හිරේ දැම්මේ. දේවදත්ත කිව්වනෙ "ඔබේ පියා පස්සේ ආපහු රජකම ගන්න පුළුවන්. ඒ නිසා හිරේ දාපං" කියලා. දේවදත්තගෙ ගැටේට අජාසත්ත අහුවුණා. ඔයා පියා මරලා රජ වෙන්න, මම ශ්‍රමණ ගෞතමයන් මරලා බුදු වෙන්නම් කිව්වා. බලන්න අඥානකමේ හැටි.

දුක් ඉසිලූ උපාසිකාවකගේ අසිරිය....

ඉතින් තමන්ගේ පුත්‍රයා මොන වධ දුන්නත් බිම්බිසාර රජ්ජුරුවෝ ව්‍යාපාද සංකල්පය ඉපැද්දෙව්වේ නෑනෙ. දැක්කද වෙනස? ඊළඟට බලන්න සීවලී මහරහතන් වහන්සේගේ මෑණියන් වුන සුප්පාවාසා උපාසිකාව. අවුරුදු හතයි මාස හතයි දවස් හතක් දරුවා මව්කුසේ හිරවෙලා ඉන්දෙද්දි බඩ අත ගගා අඬනවා

කුසේ වේදනාවට. අඬ අඬා මෙනෙහි කරනවා 'අනේ භාග්‍යවතුන් වහන්සේ මේ දුකෙන් නිදහස් වුනානේ. භාග්‍යවතුන් වහන්සේ මෙබඳු වූ දුකින් නිදහස් වෙන්න තමයි දහම් දෙසුවේ' කියලා.

එහෙම නැතුව තමන්ට සාප කරගත්තේ නෑ "අනේ ඇයි මං මැරිලා යන්නෙ නැත්තේ... මේ දුක විඳිනවාට වඩා මළා නම් හොඳයි..." කියලා. අත් දෙක පපුවට ගහ ගත්තේ නෑ අනේ මං මැරියං කිය කිය. ව්‍යාපාද සංකල්පය උපදවා ගත්තේ නෑ. සම්මා දිට්ඨිය තියෙන කෙනා සම්මා සංකල්පයට එනවා. ඊළඟට අවිහිංසා සංකල්පය. ඒ කියන්නේ හිංසාවක් නැති කල්පනාව ඇති කරගන්නවා. මේවා පින්වත්නි, බුද්ධ ශාසනයේ මිසක් වෙන කිසි ආගමක නෑ. හොඳට හොයලා බලන්න. දැන් මේ ලෝකයේ ඔය ඕනතරම් ආගම් තියෙන්නේ විමුක්තිය ගැන කියන. බුද්ධ ශාසනයේ විතරයි මේවා තියෙන්නේ. එතකොට නෙක්ඛම්ම සංකප්ප, අව්‍යාපාද සංකප්ප, අවිහිංසා සංකප්ප කියන්නේ සම්මා සංකල්පය යි.

ගම්මැදි හැලි කතා කරන්ට යන්න එපා....

ආර්ය අෂ්ටාංගික මාර්ගයේ තුන්වෙනි අංගය සම්මා වාචා (යහපත් වචන). මොනවද යහපත් වචන? එයා බොරු කියන්නේ නෑ, කේලාම් කියන්නේ නෑ, පරුෂ වචන කියන්නේ නෑ, හිස් වචන කියන්නේ නෑ. සමහර අය නිතර කියන එකක් තමයි "අපි බොරු කීමෙන් වැළකිලා ඉන්නත් උත්සාහයක් ගන්නවා. කේලාම් නම් කියන්නෙ ම නැතිව ඉන්න උත්සාහ ගන්නවා. පරුෂ වචන කියන්නෙත් නෑ. නමුත් අපට ජීවත් වෙන්ට ලැබෙන්නේ සම්ඵප්පලාප කියන සමාජයකයි. ඒ නිසා

සම්ඵප්පලාපවලට නිතරම මැදිහත් වෙන්ට වෙනවා" කියලා. සම්ඵප්පලාප කියන්නේ වැදගැම්මකට නැති කතා, ගම්මැදි හැලි.

මිනිස්සුන්ට හරිම අමාරුයි මේකෙන් වැළකී සිටින්ට. මොකද හේතුව, අපේ ජීවිතවල නිහඬකම වැඩිය පුරුදු කරලා නෑනේ. දැන් බලන්න, ඒ කාලේ හිටපු බුදුරජාණන් වහන්සේගේ ශ්‍රාවකයෝ ගැන. රහතන් වහන්සේලා නෙවෙයි, භික්ෂූන් වහන්සේලාත් නෙවෙයි, උපාසකවරු ගැන බලන්න. අනාථපිණ්ඩික සිටුතුමා දවසක් යනවා තාපසාරාමයකට. ඒ වෙලාවේ ඒ තාපසවරුත් අර ගම්මැදි හැලි තමයි කතා කර කර හිටියේ.

නිහඬබවින් පුද්ගලයා වැදගත් වෙනවා....

ඒ තාපසයින්ගේ ලොක්කා අනේපිඬු සිටුතුමාව දුර තියාම දැකලා අනිත් තාපස පිරිසට කියනවා "කෑ නොගහා හිටපල්ලා... ආං බලාපං ශ්‍රමණ ගෞතමයන්ගේ උපාසකයෙක් එනවා... උන්දෑලා හරි ආසයි නිශ්ශබ්දකමට... ඒ නිසා නිහඬව හිටපල්ලා..." කියලා. ඔබත් භාග්‍යවතුන් වහන්සේගේ උපාසක උපාසිකාවෝ නේද? ඔබට පුළුවන් ද ඒ වගේ වැදගත් චරිතයක් ඇතිකරගන්න? එදා තිබුණ ඒ හැකියාව අද මනුෂ්‍යයාට නෑ.

එහෙනම් මේ මාර්ගයේ ගමන් කරන අය තුළ තිබෙන ලක්ෂණයක් තමයි නිශ්ශබ්දකම. අවශ්‍ය දෙයක් කතා කරලා නිශ්ශබ්දව ඉන්නවා. බොරු කියන්නෙත් නැත්නම්, කේලාම් කියන්නෙත් නැත්නම්, පරුෂ වචන කියන්නෙත් නැත්නම්, හිස් වචන කියන්නෙත් නැත්නම් එයාට ධර්මය විතරයි කතා කරන්න තියෙන්නේ. අනිත්

වෙලාවට එයා නිශ්ශබ්දව ඉන්නවා. එහෙම නිශ්ශබ්දතාවය පුරුදු කරන අය අද හොයාගන්න හරි අමාරුයි. දුර්ලභයි.

බීමත්කම මෝඩයන්ගේ විෂයක්....

ඊළඟට සම්මා කම්මන්ත. එයා සතුන් මරණ වැඩවලට හවුල් වෙන්නේ නෑ. හොරකම්වලට හවුල් වෙන්නේ නෑ. එක්කෙනෙක් මගෙන් ඇහුවා මොකද මේකට මත්පැන් මත්ද්‍රව්‍ය භාවිතයෙන් වැළකීම ගැන දාලා නැත්තේ කියලා. නුවණැත්තෝ ඉතින් බොන්නේ නෑ නෙ. බොනවා කියන එක මෝඩයන්ගේ විෂයක් නෙ. අඥානයන්ගේ විෂයක් නෙ. අසත්පුරුෂයන්ගේ විෂයක් නෙ. සත්පුරුෂයෝ මත්පැන් මත්ද්‍රව්‍ය පාවිච්චි කරන්නේ නැනෙ. ඒ නිසයි බුදුරජාණන් වහන්සේ මේකට ඒක ඇතුලත් කරලා නැත්තෙ. නමුත් පංච සීලය තුළ සුරාමේරයෙන් වැළකීම ගැන කියලා තියෙනවා.

සුරා කියලා එකකුයි, මේරය කියලා එකකුයි දෙකක් තියෙනවා. රහමෙර කියලා කියන්නේ ඒකට. "මත්පැන් මත්ද්‍රව්‍යවලින් වැළකීම දස කුසල්වලට දාලා නෑ නේ. ආර්ය අෂ්ටාංගික මාර්ගයේ මාර්ග අංගවලට අයිතිත් නැනේ. ඒ නිසා මේකෙ වරදක් නෑ නෙ. මඳ පමණින් බිව්වාට කමක් නෑ නෙ" කියලා කවදාවත් ඒ වගේ අසත්පුරුෂ කතා නම් කියන්ට එපා. එහෙම කියන්න යෑමෙන් වැනසෙනවා මිසක්, හානි වෙනවා මිසක්, දුගතියට යනවා මිසක් යහපතක් නම් වෙන්නේ නෑ. මං හිතන්නෙ අපේ රටේ තමයි ගොඩක් ඔය කාන්තා පක්ෂය බොනවා අඩු. ඒත් ඉතින් අපි දන්නෙ නෑ කියන්න අනාගතේ කොහොම වෙයිද කියලා.

කාළි කියන්නේ සිවගේ නෝනා....

එක දවසක් මට ඔය කාළි මෑණියෝ කියන කෙනා වැහිච්ච මනුස්සයෙක් එක්ක කතා කරන්න ලැබුණා. ගොඩක් අය වරද්දගෙන තියෙනවා ඔය කාළි මෑණියෝ කිය කිය මිනිස්සුන්ගේ දිෂ්ඨිවලට වැහෙන්නේ අර ධම්මපදයේ න හි වේරේන වේරානි.... කියන ගාථාවේ අටුවා කථාවේ ඉන්න කාළි යක්ෂණී කියලා. එයා නෙවෙයි මේ. මේ වෙන යකින්නියක්. ඒ යකින්නි මං හිතන්නෙ ගැලවිලා ගියා. ඒ යකින්නි තිසරණයේ පිහිටියනෙ. බුදුරජාණන් වහන්සේට පොරොන්දු වුණා නෙ මං ආයෙ මේ වගේ වැඩ කරන්නෙ නෑ කියලා. ඒ යකින්නි නෙවෙයි මේ කියන්නේ. මේ කියන්නේ සිවගෙ නෝනා.

මේ යකින්නි වැහිච්ච වෙලාවේ මං ඇහුවා ඔහේ කන්නෙ බොන්නෙ මොනවාද කියලා. බඩ අත ගගා කිව්වා "අප්පේ මගේ ගින්දර... දිනපතා ලේ කළ හතකුයි, සුරා කළ හතකුයි බිව්වේ නැත්නම් මට මොකුත් කරගන්ට බෑ" කියලා. ආන්න එයාගෙන් තමයි දැන් ඔය මිනිස්සු පිහිට හොයන්නේ. එහෙනම් ඒ යකින්නි සත්පුරුෂ ද අසත්පුරුෂ ද? අසත්පුරුෂයි. අසත්පුරුෂ කෙනාට ඕනෙ තමන්ගෙ වැඩේ කරගන්ට විතරයි. අනුන්ට මොනවා වුණත් කමක් නෑ. එහෙමයි ඒක තේරුම් ගන්න තියෙන්නේ.

සත්‍යයේ පිහිටා දුකසේ වාසය කිරීම....

මේ ළඟදි මෙහෙට ආවා එක මහත්තයෙක්. එයා උපතින් සිංහලත් නෙවෙයි බෞද්ධත් නෙවෙයි. එයා මාත් එක්ක කතා කරද්දි කිව්වා "ස්වාමීනී, අවුරුදු පහළොවක ඉඳන් මං ඔබවහන්සේව බලන්න එන්න

හිටියේ. ඔබවහන්සේගේ පොත්පත් මං සැහෙන්න කියවනවා. අනේ ස්වාමීනී, මං කස්ටම් එකේ ඉන්නෙ. මට එක අත්සනක් ගහලා රුපියල් දහපහළොස් දාහ විසිදාහ ගන්න පුළුවන්. ඒත් මං ඒක කරන්නෙ නෑ. ඒ නිසා මං හරී දුකසේ වාසය කරන්නේ.

ළමයින්ට උගන්න ගන්න ඕන නිසා මම අමතර රස්සාවක් හැටියට ගෙදර ඉඳගෙන අපේ නෝනාත් එක්ක බෑග් මහනවා. මොකටද ස්වාමීනී, මම මේ ජීවිතේ ගෙවන්න බොරුවක් කරන්නේ" කියලා කිව්වා. එයා අවංකව ධර්මය පුරුදු කරන කෙනෙක්. ඒ නිසා එයා කැමතියි බොරුවක් කරලා සල්ලි ගන්නවාට වඩා සත්‍යයේ පිහිටලා දුකසේ වාසය කරන්න. ඒ නිසා සොරකමින් වැළකී වාසය කරනවා.

නිවැරදි ජීවිකාව....

ඊළඟට (අබ්‍රහ්මචරියා වේරමණී) බඹසර රැකගෙන වාසය කරනවා. ගිහි අය කාමයේ වරදවා හැසිරීමෙන් වැළකී වාසය කරනවා. සතර පොහොය දිනවලට ගිහි අයත් බඹසර ආරක්ෂා කරගෙන වාසය කරනවා. භික්ෂූන් වහන්සේලා දිවි ඇතිතෙක් බඹසරේ පිහිටා වාසය කරනවා. මේකට කියනවා (සම්මා කම්මන්ත) නිවැරදි ක්‍රියාවෙන් යුක්තයි කියලා. ඊළඟට බුදුරජාණන් වහන්සේ වදාරණවා ආර්ය ශ්‍රාවකයා මිත්‍යා ආජීවය බැහැර කරලා සම්මා ආජීවයෙන් ජීවිකාව ගත කරනවා. මේවා ඔක්කොම පින්වත්නි, දුර්ලභ දේවල්.

මේ කාලේ එන්න එන්න ම මනුෂ්‍යයා පිරිහෙනකොට ආර්ය අෂ්ටාංගික මාර්ගයේ තියෙන මේ මාර්ග අංග

පුරුදු කරගන්න බැරි විදිහට පරිසරය හැදෙනවා. මට මහත්තයෙක් කිව්වා දැන් කරවල වේලන්නෙත් පෙට්‍රල් ස්ප්‍රේ කරලා කියලා. ඒක අහලා මට පුදුම හිතුනා. අපි ඉස්සර අහලා තිබුනා මිරිස්කුඩුවලට ගඩොල් කුඩු කලවම් කරනවා කියලා. ගම්මිරිස්වලට ගස්ලබු ඇට කලවම් කරනවා කියලා. ඒවායේ ඇත්ත නැත්ත හරියටම දන්නෙ නෑ. මේවායින් පේ්‍රරෙන්නේ මේ සමාජයේ තියෙන නීචකම නේද? සම්මා ආජීවය නෑ.

සුද්දෝ හදපු ප්‍රශ්නවලින් තාමත් විඳවනවා....

මම කලින් කිව්වනෙ 'බෞද්ධ බෞද්ධ' කියලා කිව්වාට ඇත්ත බුද්ධාගමක් නෙවෙයි මේ තියෙන්නෙ, බොරුවක් කියලා. මේක බොරුවක් වුනේ අවුරුදු නවසීයකට කලින් කාලිංග මාඝ කරපු අපරාදෙන්. ඊට පස්සේ දිගින් දිගට ම ගුණධර්ම නැතුව ගියා. ඊළඟට සුද්දෝ ඇවිල්ලා තවත් විනාශ කළා. සුද්දෝ ආපහු යද්දි හපේ නෙ දීලා ගියේ. සුද්දෝ ඇවිල්ලා හදපු ප්‍රශ්න නෙ අපි මේ තාම විඳවන්නේ. තවමත් ඒ ප්‍රශ්නවලට සුද්දෝ හවුල් වෙනවා නෙ. ඔහොම වෙලා මේ ජාතිය විනාශ වෙලා ගිය දවසට සුද්දත් නෑ, අපට ඉතින් සතර අපාය තමයි අන්තිමට ඉතුරු වෙන්නේ.

සම්මා ආජීවයෙන් යුක්ත බව ආර්ය අෂ්ටාංගික මාර්ගයේ අංගයක්. ඊළඟ මාර්ගාංගය සම්මා වායාම. සම්මා වායාම කියන්නේ නූපන් අකුසල් උපදින්න දෙන්නේ නෑ. උපන් අකුසල් ප්‍රහාණය කරන්න වීරිය ගන්නවා. නූපන් කුසල් උපදවගන්ට වීරිය ගන්නවා. උපන් කුසල් වැඩිදියුණු කරගන්ට වීරිය ගන්නවා. දැඩි වීරියෙන් තොරව මේක කරන්න බෑ.

පෙරහැර ගිහිල්ලා ඉවරයි....

යම් කිසි කෙනෙක් ටික ටික හරි මේවා පුරුදු කරගෙන ගියොත් කලක් යනකොට මේ හැකියාව ඒවි. එකපාරට ම එන්නේ නෑ. අපේ ගෞතම සම්මා සම්බුදුරජාණන් වහන්සේත් එක්ක සංසාරේ පෙරුම් දම් පිරූ පිරිස මේ සසරෙන් එතෙර වෙලා ගියා. ඒ අයට කියන්නේ බුදු පිරිස කියලා. ඒ පිරිස ඔක්කෝම නිවන් අවබෝධ කළා. පෙරහැර ගිහිල්ලා ඉවරයි. දැන් අපි යාන්තම් මේ ලෑටි ගාගෙන යන්නේ. යම්කිසි උත්සාහයක් ගත්තොත් පොඩි හෝ පිළිසරණක් ඇතිකරගන්න අවස්ථාව තියෙනවා.

ඒ සඳහා පටලවා ගන්නේ නැතුව මේක හරියට තේරුම් ගන්ට ඕන. අපිට මුල් කාලේ කියා දෙන්න කෙනෙක් හිටියෙ නෑ. මම වුනත් හිතුවේ 'අපට මොකද මේක කරගන්ට බැරි? අපිත් මිනිස්සු, ඒත් මිනිස්සු' කියලා උඩගුකමින් හිතුවා මිසක් හේතු ඵල හැටියට විමසන්න පුරුදු වෙලා තිබුනෙ නෑ. පස්සෙ පස්සෙ හේතු ඵල හැටියට විමසන්න පටන්ගන්න කොට තමයි කරුණු කාරණා පැහැදිලි වුණේ. 'මේක මෙහෙම කරන්න බෑ. මේකට අපේ ගුණධර්ම මෝරායන්න ඕනෙ. ගුණධර්ම මෝරා යෑමෙන් තමයි මේක වෙන්නේ' කියලා.

ඥානවන්ත භික්ෂුණියක්....

රජගහ නුවර හිටපු වයසක අම්මා කෙනෙක් භික්ෂුණීන් ළඟට ගිහිල්ලා පැවිදි වුණා. ඒ වයසක භික්ෂුණිය දවසක් ගිජ්ඣකූට පර්වතේ පැත්තෙ ඉඳලා බුදුරජාණන් වහන්සේටත් වන්දනා කරලා පහළට බැස්සා.

ගිජ්ඣකූටයේ පල්ලෙහා තිබිලා තියෙනවා පොඩි දිය ඇල්ලක්. මේ භික්ෂුණිය දැක්කා ඒ දිය ඇල්ල ළඟ එක මනුස්සයෙක් ඇතෙක් නාවමින් ඉන්නවා. මේ භික්ෂුණිය දැන් නැවතිලා බලාගෙන ඉන්නවා. ඇත්ගොව්වා ඇතා නාවලා ඉවර වුනා. ඊට පස්සේ ඇත්ගොව්වා හෙණ්ඩුව අතේ තියාගෙන ඇතාට අණ කළා. ඒ අණට කීකරු වෙලා ඇතා කකුල ඉස්සුවා. ඒ කකුලට ගොඩවෙලා ඇත්ගොව්වා ඇතාගේ පිටට නැග්ගා. ඊට පස්සේ ඇත්ගොව්වා කියපු දිශාවට ඇතා ගියා.

මේ සිදුවීම දිහා බලාගෙන හිටපු අර භික්ෂුණිය තනියම කල්පනා කළා. 'ෂා... හරි අපූරුයි නෙ. මේ ඇත්තු වනාන්තරයේ හිතුමනාපේ හක්කොලන් කර කර හිටපු එවුන්. මේකුන්ව අල්ලගෙන ඇවිල්ලා, වනයට තියෙන ආශාවත් නැති කරලා, මේ වැඩේට සුදුස්සෙක් බවට පත්කරලා නොවැ. ඇත්ගොව්වා ඒ ඇතාට උස්සපිය කකුල කිව්වාම ඇතා කකුල ඉස්සුවා. ඇත්ගොව්වා කකුලට ගොඩවෙලා ඇතාගෙ පිටට නැගලා යමං මේ පාරේ කිව්වාම ඇතා ඒ පාරේ ගියා. මටත් බැරිද මේ හිත ඒ විදිහට දමනය කරගන්න' කියලා.

නිකෙලෙස් වෙලා මිසක් නැගිටින්නේ නෑ....

ඒ විදිහට කල්පනා කරපු ඒ භික්ෂුණිය පිණ්ඩපාතේ ගිහිල්ලා දානෙ පොඩ්ඩක් වැළඳුවා. වළඳලා ගල් තලාවකට ගිහිල්ලා පාත්තරේ මුනින් අතට නවලා පැත්තකින් තිබ්බා. ඊට පස්සේ ගල්තලාවේ වාඩිවෙලා අධිෂ්ඨානයක් ගත්තා 'මම නිකෙලෙස් වෙලා මිසක් නැගිටින්නෙ නෑ' කියලා. එහෙම වීරිය කරලා, රහත් ඵලයට පත්වෙලා, නිරෝධ සමාපත්තියටත් සමවැදිලා දවස් හතකට පස්සේ

කකුල් දිගඇරියා. අද අපට හිතාගන්ටවත් බෑ කොහොමද මෙහෙම කළේ කියලා. සාමාන්‍යයෙන් මේ ගෙදරක එළවලුවක් බතක් උයාගෙන කාපු ගැහැණියක් බුද්ධ ශාසනයේ පැවිදි වෙලා මහානුභාව සම්පන්න තත්වයකට තමන්ගේ හිත පත්කරගත්තා. අනිවාර්යයෙන්ම මේකට සංසාරේ පුරුදු කරපු එකක් ඇයට උදව් වෙන්න ඇති. පුරුද්දක් නැත්නම් එහෙම කරන්න බෑ.

නිර්ලජ්ජී භික්ෂුවක්....

පුරුද්ද ගැන කියද්දි මට එක ජාතක කතාවක් මතක් වුනා. ඒකේ තියෙන්නේ නරක පුරුද්දක් දිගින් දිගට ආපු එකක් ගැනයි. බුදුරජාණන් වහන්සේගේ කාලේ එක බහුභාණ්ඩික භික්ෂුවක් හිටියා. ඒ භික්ෂුව පිරිකර ගොඩගහගෙන, සිවුරු ගොඩක් පොදි ගහගෙන තමයි වාසය කළේ. අනිත් භික්ෂූන් වහන්සේලා බුදුරජාණන් වහන්සේට මේ බව කිව්වා. සංඝයා මැද්දේ බුදුරජාණන් වහන්සේ ඒ භික්ෂුවට අඬගහලා "හැබෑද භික්ෂුව, ඔබ මේ සිවුරු ගොඩාක් ගොඩගහගෙන ඉන්නවා කියන්නෙ?" කියලා ඇහුවා. එහෙමයි කිව්වා.

"භික්ෂුව, සිවුරු තුනක් හොඳටම ප්‍රමාණවත් නොවැ. මොකටද මේ ගොඩාක් ගොඩගහගෙන ඉන්නෙ?" කියලා ඇහුවා. එහෙම කියනකොට ම අරයා එකපාරට ම සිවුරත් ගලවලා දාලා, අඳනෙත් ගලවලා දාලා "මට මෙහෙම ඉන්නද කියන්නේ?" කියලා ඇහුවා. අහලා උපන් හැටියෙන් ම දිව්වා. කෙලින්ම ගිහි ගෙදරට ම ගියා. බුදුරජාණන් වහන්සේ වදාළා "මහණෙනි, ඔය ලැජ්ජා නැතිකම ඒ භික්ෂුවගේ පුරුද්දක්. කලින් ආත්මෙත් ලැජ්ජා නැතිකම නිසා ලැබෙන්ට තිබ්ච්ච දේ

නැති කරගත්තා" කිව්වා. අනේ ස්වාමීනී ඒ කොහොමද කියලා ඇහුවා. ඒ වෙලාවේ බුදුරජාණන් වහන්සේ මේ අතීත කතාව වදාළා.

හංස කිරිල්ලිගේ ස්වයංවරය....

මේ කල්පයේ මුල් කාලේ සිව්පාවෝ එකතු වෙලා සිංහයාව තමන්ගේ රජා බවට පත්කරගත්තා. මාළුවෝ එකතු වෙලා ආනන්ද මත්ස්‍යයාව මාළුන්ගේ රජා බවට පත්කරගත්තා. පක්ෂීන් එකතු වෙලා ස්වර්ණ හංසයාව රජා බවට පත්කරගත්තා. ඒ ස්වර්ණ හංසයාට හංස දුවක් හිටියා. ස්වර්ණ හංසයා තමන්ගේ දූට කිව්වා "දුවේ, උඹේ කලවයස හරි. උඹට මං විශේෂ අවස්ථාවක් දෙන්නම්. උඹ කැමති කුරුල්ලෙක් තෝරගනිං" කිව්වා. ඊට පස්සේ තමන්ගේ දුවගේ ස්වයංවරය වෙනුවෙන් රැස් වෙන්න කියලා හංසයා කුරුල්ලන්ට පණිවිඩයක් ඇරියා. ඔන්න දැන් කුරුල්ලෝ ටික පෝලිමේ ඉන්නවා. හංස කෙල්ලත් හැඩ දදා කුරුල්ලෝ අතරින් යනවා තමන්ට කැමති කෙනාව තෝරගන්ට. යනකොට මොණරෙක් ඉන්නවා දැක්කා. දැකලා තාත්තා ළඟට ගිහිල්ලා "අප්පච්චී, අරයා හොඳා" කිව්වා. කවුද කියලා ඇහුවා. "අර අතන ඉන්න නිල් පාට බෙල්ලක් තියෙන, ඔළුව උඩ සිලක් තියෙන, ලස්සන දිග පිල්කළඹක් තියෙන කෙනා හොඳා" කිව්වා.

සසර පුරුදු අත්හැරීම දුෂ්කර දෙයක්....

එතකොට අනිත් කුරුල්ලෝ මොණරාව වටකරගෙන "උඹ නම් හරී පින්වන්ත එකෙක්. අපේ රජ්ජුරුවන්නේ දූකුමාරි උඹටයි කැමති වුනේ" කියලා කිව්වා. එතකොට මොණරා චූන් වුණා. පිල් විදහාගෙන

කැරකෙන්න ගත්තා. එතකොට හංස පැටික්කි "චී... අප්පච්චි, ආං අරයගෙ පස්ස පැත්ත පේනවා" කිව්වා. ඊට පස්සේ රාජ හංසයා මොණරාට කිව්වා "හප්පේ... මේ වගේ ලැජ්ජා නැති එවුන්ට දෙන්න කෙල්ලෝ මෙහේ නෑ" කියලා. මොණරා ලැජ්ජාවට පත්වෙලා පලාගියා. ඒ මොණරා වෙලා හිටියේ අර භික්ෂුව යි කිව්වා. මනුස්ස ආත්මෙට ඇවිල්ලා මේ ආත්මෙත් ඒක ම කළා කිව්වා. දැක්කාද යන රටාව? ඒ විදිහට සසර පුරුදුවලට ඇබ්බැහි වෙච්ච සත්වයා ධර්මයේ හැසිරෙන්න වීරිය ගන්නවා කියන්නේ සෑහෙන්න ඔට්ටුවක් අල්ලන්න ඕන එකක්.

සසර බිය සිහි කරන්න....

නූපන් අකුසල් නූපදවන්ටත් උපන් අකුසල් දුරුකරන්ටත් නූපන් කුසල් උපදවාගන්ටත් උපන් කුසල් වැඩි දියුණු කරගන්ටත් වීරිය ගැනීම සඳහා බොහෝ උපකාරී වන දෙයක් තමයි බුදුරජාණන් වහන්සේගේ ගුණ සිහිකිරීම. ඊළඟට කර්මය ගැන සිහිකිරීම. ඒ වගේම සතර අපා උපතට භය වීම. ඊළඟට සසරේ භයානකකම සිහි කිරීම. මේවායෙන් අපට පුළුවන් වීරිය අරගෙන යම් ප්‍රමාණයකට හරි අකුසලයෙන් බැහැර වෙලා යහපත් ජීවිතයක් ඇතිකරගන්න. ඒ සඳහා අපි උත්සාහයක් වීරියක් ගත්තෙ නැත්නම් කිසිම ප්‍රතිඵලයක් ලැබෙන්නේ නෑ. ඒ නිසා අපි යම්කිසි ප්‍රමාණයකට හරි උත්සාහයක් වීරියක් ගන්ට ඕනෑ.

ගෙවල් දොරවල්වල තියෙන ප්‍රශ්නත් එක්ක ඔබට මේ දහම් වැඩසටහනට එන්න වුනත් වෙනම යුද්ධයක් කරන්න ඕනෙ නේද? සමහර අයට දවසක් නිදහස් කරගෙන මෙහෙට එනවා කියන එකත් වෙනම යුද්ධයක්.

එක්කෝ තමන්ගේ දරුවෝ මුනුබුරෝ මිනිබිරියෝ අරන් ඇවිල්ලා කියනවා "අනේ අම්මේ, ඔන්න මං ආවා. මේ ළමයි ටික චූට්ටක් බලාගන්න. මට සනීප නෑ. මං අසවල් තැනට යන්න ඕනෙ" කියලා. ඔන්න ඒකට හිර වෙනවා. එක්කෝ මොනවාහරි වෙන කරදරයක් වැටෙනවා. ඒ ඔක්කොම මැද්දේ තමයි දවසක් ගතකරගන්ට මෙහෙට එන්නේ. ඒ නිසා යම්කිසි වීරියක් ඕනෑ ම යි.

ආනාපානසතියේ පූර්ව කෘත්‍යය....

ඊළඟ මාර්ගාංගය තමයි සම්මා සතිය. සතිය කියලා කියන්නේ සිහිය. බුද්ධ දේශනාවේ මතකයටත් සිහිය කියන වචනය පාවිච්චි කරලා තියෙනවා. (**චිරකතම්පි චිරභාසිතම්පි සරිතා අනුස්සරිතා**) බොහෝ කලක් තිස්සේ කරපු දේවල්, බොහෝ කලක් තිස්සේ කියපු දේවල් මතක් කර කර ඉන්න පුළුවන්කම. මෙතන සිහිය කියන්නේ ඒක නෙවෙයි. මෙතන සිහිය කියලා කියන්නේ කයේ ඇත්ත ස්වභාවය දකින්ට යොමු කරපු සිහිය. කයේ සත්‍ය ස්වභාවය වැටහෙන්ට නම් කායානුපස්සනාවේ විස්තර කරන විදිහට සිහිය වඩන්න ඕනෙ.

කායානුපස්සනාවේ පළවෙනි පියවර හැටියට බුදුරජාණන් වහන්සේ වදාළේ ආනාපානසතිය ගැනයි. ආනාපානසතිය වඩන්ට කැමති අය ඉස්සෙල්ලාම පුරුදු වෙන්න වාඩිවෙන ආසනේ. ඒ කියන්නේ භාවනාවට වාඩිවෙද්දි කොන්ද කෙළින් තියාගන්න. බිත්තියකට හේත්තු වෙන්න එපා. බිම වාඩිවෙන්ට අපහසු නම් පොඩි පුටුවක් පාවිච්චි කරන්න පුළුවන්. හැබැයි ඊටත් වඩා හොඳයි සාමාන්‍යයෙන් අඟල් හතරක් පහක් වගේ උස තියෙන, එබෙන්නේ නැති, හොඳට හයිය තියෙන,

කොහුවලින් හදාපු මෙට්ටයක් පාවිච්චි කරන්න පුළුවන් නම්.

ආනාපානසති සමාධිය හරිම ශාන්තයි....

මුල් දවස්වලදි දෙපා නවාගෙන ගොඩාක් වෙලා ඉන්නකොට කකුල් රිදෙන්න පුළුවන්. ඒකට විසඳුමක් හැටියට අපිට පුළුවන් රෙදි කෑල්ලක් නවලා කකුල් වදින තැන්වලට තියාගන්න. හැබැයි හිත තැන්පත් වෙනකොට ඒ ප්‍රශ්නෙ විසඳෙනවා. සාමාන්‍යයෙන් භාවනා කරන අරමුණේ හිත පිහිටනකොට ඇඟට පුංචි හිරිවැටීමක් වගේ වෙනවා. ඒකට භය වෙන්ට එපා. ඇඟ සැහැල්ලු වෙන්න තමයි ඒක වෙන්නෙ. ඒ වෙලාවට ඇඟ ගැන කල්පනා කරන්ට එපා, 'ආශ්වාසයක්... ප්‍රශ්වාසයක්... ආශ්වාසයක්... ප්‍රශ්වාසයක්...' කියලා හුස්ම ගැන ම මෙනෙහි කරගෙන යන්න.

මුලින් ම හුස්ම පාර තේරුණේ නැත්නම් පොඩ්ඩක් හයියෙන් හුස්ම ඉහළට ගන්න, හයියෙන් හුස්ම හෙලන්න. එතකොට ආශ්වාස ප්‍රශ්වාස ප්‍රකටව තේරෙනවා. ඒ විදිහට ආශ්වාස ප්‍රශ්වාස මෙනෙහි කරනකොට පුරුද්දට හිත බාහිරට යනවා. බාහිරට හිත ගියාම ආපහු මේ ආශ්වාස ප්‍රශ්වාස අරමුණට ම හිත ගන්න. ආයෙත් බාහිරට ගියොත් ආයෙත් ගන්න.

ඒ විදිහට කරගෙන යනකොට ආශ්වාස ප්‍රශ්වාස හොඳට ප්‍රකට වෙන්න ගන්නවා. එතකොට තේරෙන්න ගන්නවා හිටපු ගමන් දීර්ඝව හුස්ම ගන්නවා, දීර්ඝව හුස්ම හෙළනවා. සමහර වෙලාවට කෙටියෙන් හුස්ම ගන්නවා, කෙටියෙන් හුස්ම හෙළනවා. මේවා වැටහෙන්න ගන්නවා.

සමහර අවස්ථාවලදි ඔය විදිහට පුරුදු කරගෙන යනකොට හිතටත් පේන්න ගනීවි ආශ්වාස ප්‍රශ්වාස. ඒකත් හොඳයි. ඒකට කමක් නෑ. ඊට පස්සේ තමන්ට සම්පූර්ණයෙන්ම කය ගැන අමතක වෙලා ආශ්වාස ප්‍රශ්වාසයේ ම හිත පිහිටන කොට ඒකට කියනවා ආනාපානසති සමාධිය කියලා. ඒක හොඳට පුරුදු කළොත් කාලයක් යනකොට හොඳ සමාධියක් ඇති කරගන්ට පුළුවන්.

පින් තියෙන කෙනා අල්ලන්නේ අසුභය....

ඊළඟට මේ ශරීරයේ තියෙන අසුභ කොටස් වෙන් වෙන් වශයෙන් බල බලා බලන්න පුරුදු වීමත් කායානුපස්සනාවට අයිති දෙයක්. මේ සුභ දෙයක් හැටියට අපට මැවි මැවී පේන්නේ අසුභයක්නෙ. ඒකට තමයි අපි රැවටෙන්නේ. නමුත් පින තියෙන කෙනා අල්ලන්නේ අසුභය. බුදුරජාණන් වහන්සේ එක්තරා අවස්ථාවකදි දේශනා කළා "මහණෙනි, රන් භාජනයේ අනුභව කරපු, රන් මිරිවැඩි දාපු පින් තියෙන අය සසර දුකින් අත්මිදෙන්ට ඕනෑ කියලා ඔක්කෝම අතහැරලා ඇවිල්ලා මැටි පාත්තරයක් අතට අරගෙන ගෙයක් ගානේ පිඬු සිඟා ගිහින් ලැබෙන දානයෙන් යැපිලා වීරිය ගන්නවා සසරට වැටිච්ච හිත ඒකෙන් නිදහස් කරගන්න.

නමුත් පැල්පතක ජීවත් වන, හරිහමන් කෑමක් බීමක් නැති, වැදිරි මැහැල්ලියක් වගේ නෝනා කෙනෙක් ඉන්න, තහඩු කැල්ලක බත් කන පින් නැති අය ඒක අතහැරගන්න බැරුව ඉන්නවා" කියලා. ඒ නිසා මේ අසුභ භාවනාව කියන්නේ පින්වත්නි, මහා පුරුෂයන්ගේ භාවනාවක්. ශ්‍රේෂ්ඨ උත්තමයන්ගේ භාවනාවක්.

කෙලෙස් තවන වීරිය....

ඊළඟට පඨවි - ආපෝ - තේජෝ - වායෝ සතර මහා ධාතු වශයෙන් ශරීරය දිහා බලන එකත් අයිති වෙන්නේ කායානුපස්සනාවට. ඒ වගේම කායානුපස්සනාවට අයිති එකක් තමයි ඇවිදිනකොට, අතපය දිගහරිනකොට හකුළනකොට, ඉදිරිය බලනකොට, වටපිට බලනකොට, මේ හැමතැනදීම තමන් සිහියෙන් ඉන්නවා හිත අකුසලයට යන්න නොදී. ඒකත් කායානුපස්සනාව. ඊළඟට ආයතන හය ඔස්සේ ඇතිවන සැප දුක් උපේක්ෂා විඳීම ගැන සිහිය පිහිටුවාගෙන සිටීම (වේදනානුපස්සනාව) සම්මා සතියට අයිති දෙයක්. මේ හැම සතිපට්ඨානයක් ම වඩන්න තියෙන්නේ (ආතාපී) කෙලෙස් තවන වීරියෙන්. ඒ කියන්නේ දැඩි වීරියක් ගන්න ඕනෙ. ඊට පස්සේ ඒ කෙනා නුවණින් යුක්තව, සිහියෙන් යුක්තව, ඇලීම් ගැටීම් දෙක දුරු කරලා වේදනානුපස්සනාවත් වඩනවා.

තෙල් කළේ උපමාව....

මේ සතිපට්ඨානය වැඩීම ගැන බුද්ධ දේශනාවේ ලස්සන උපමාවක් තියෙනවා. ඔන්න කට මට්ටමට එනකම් තෙල් පුරවපු කළයක් මනුස්සයෙකුගේ අතට දෙනවා. දීලා කියනවා "මේකේ එක තෙල් බින්දුවක් හලන්නේ නැතුව උඹ මේ නගරය වටේ රවුමක් ගහලා වරෙන්. උඹේ පිටිපස්සෙන් කඩුවක් අරගත්තු මනුස්සයෙක් එනවා. තෙල් බිංදුවක් හරි බිම හැලුවොත් කඩුවෙන් කොටනවා" කියලා. අරයා බොහෝම සැලකිල්ලෙන් ඒ තෙල් කළයත් කරේ තියාගෙන නගරය මැදින් යනවා.

හැබැයි එයා ආසා කරන දේවල් මග දෙපැත්තේ

තියෙනවා. මිනිස්සු සින්දු කියනවා, ජනපද කල්‍යාණී නටනවා. ඒ දිහා බලන්න ගියොත් අවධානය ගිලිහිලා ගිහින් තෙල් වැටෙන්න පුළුවන්. එතකොට බලන්න මොනතරම් අවධානයකින් සැලකිල්ලකින් සිහිකල්පනාවකින් ද එයා නගරය මැදින් යන්න ඕනෙ. ආන්න එබඳු ආකාරයේ සිහිකල්පනාවකින් කායානුපස්සනාව, වේදනානුපස්සනාව, චිත්තානුපස්සනාව, ධම්මානුපස්සනාව වැඩුවොත් අපට සම්මා සතිය ඇති කරගන්ට පුළුවන්.

අකුසල් ගොඩ කියන්නේ නීවරණවලට යි....

ඊළඟට සම්මා සමාධිය. ඔන්න අපි කියමු කෙනෙක් සතිපට්ඨාන භාවනාව කරගෙන යනකොට මෙයාගේ හිත ඒ භාවනා අරමුණේ පිහිටන්න ගන්නවා. පිහිටන්න ගන්නෙ ඒ භාවනා අරමුණ මෙනෙහි කිරීමෙන්. ඒ මෙනෙහි කිරීමට තමයි විතක්ක විචාර කරනවා කියන්නේ. එතකොට හිතට ලොකු ප්‍රීතියක් ඇවිල්ලා, සතුටක් ඇවිල්ලා, ප්‍රීතිසුඛ ඒකාග්‍රතාවයෙන් යුක්තව පළවෙනි ධ්‍යානය උපදිනවා. දැන් කාලේ මනුෂ්‍යයන්ට තියෙන සමාධිය ධ්‍යාන මට්ටමට යන්නේ හරි අඩුවෙන්. දැන් ඇතිවෙන්නේ පොඩි සමාධියක්.

හැබැයි ඉඳලා හිටලා නම් සමහර අයට හොඳට ධ්‍යාන ඇති වෙනවා. ඒ විදිහට ධ්‍යානලාභීව හිටපු ස්වාමීන් වහන්සේලා කීප දෙනෙකුත් ගිහි අය කීප දෙනෙකුත් ගැන මං දන්නවා. ධ්‍යාන ඇති වුණාම තියෙන විශේෂත්වය තමයි කයටයි සිතටයි සැහෙන්න පහසුයි. සමාධියට ප්‍රතිවිරුද්ධ තව බලසම්පන්න එකක් තියෙනවා. ඒකට කියනවා අකුසලරාසී (අකුසල් ගොඩ) කියලා. අකුසලරාසී කියන්නේ පංච නීවරණවලට යි.

නීවරණවලින් නුවණැස අන්ධ කරනවා. කුසල් වනසා දමනවා. ඒ නීවරණයන්ගෙන් හිත මුදවගන්න තමයි සමාධිය ඕනෙ.

නීවරණවලින් කුසල් වහනවා....

මොනවාද ඒ නීවරණ පහ? කාමච්ඡන්දය, ව්‍යාපාදය, ථීනමිද්ධය, උද්ධච්චකුක්කුච්චය සහ විචිකිච්ඡාව. මේ හිත ආසා කරන දේට ම ඇදිලා යනවා. ඒක කාමච්ඡන්ද නීවරණය. නීවරණවලින් කරන්නේ ඇත්ත වහලා දාන එක. ඊට පස්සේ හිත කුසලයේ පිහිටන්නේ නෑ. හොඳට බලන්න කාමච්ඡන්දය ඇති වුණාට පස්සේ හිතේ කුසල් පිහිටන්නේ නෑ. ඔබට මතක ඇති මං කලින් වැඩසටහනේදි කිව්වා අර හැට වයස් පිරිච්ච භික්ෂුණියකුයි භික්ෂුවකුයි පාත්තර තැටියක් පරිභෝග කරන්න ගිහිල්ලා ඒ හේතුවෙන් සිවුරු ඇරපු සිද්ධිය. ඒකට මුල් වුනේ මොකක්ද, කාමච්ඡන්දය. කාමච්ඡන්දය ඇති වුණාට පස්සේ කුසල් වැහෙනවා. ඒකයි නීවරණ කියන්නේ.

ඊළඟට ව්‍යාපාදය. තරහ, අමනාපය, ක්‍රෝධය ආවාමත් කුසල් වැහෙනවා. ව්‍යාපාදයට වැටුණු සිතක කුසල් හටගන්නේ නෑ. ඊළඟට ථීනමිද්ධ කියන්නේ නිදිමත. නිදිමත ආවට පස්සේ මුකුත් කරන්ට බෑ. වීරිය අරගෙන දුරුකරනකම් විඳවන්න තමයි තියෙන්නේ. නිදිමත ආවට පස්සේ මොනතරම් බණ ඇහුවත් නන් දොඩනවා වගේ තමයි ඇහෙන්නේ. මුකුත් ඔළුවට යන්නේ නෑ. නිදිමත තියෙන වෙලාවට භාවනාවක් කරන්න ගියත් හිතෙන් නන් දොඩනවා මිසක් අරමුණක් පැහැදිලිව මෙනෙහි කරගන්ට බෑ. සෑහෙන්න ඔට්ටුවක් අල්ලන්න ඕනෙ ඒක ප්‍රහාණය කරන්න.

නිදිමතට විසඳුමක්....

නිදිමතෙන් හොඳටම බැට කන එක නවත්වන්ට නම් එයා එකදිගට වාඩිවෙලා භාවනා කර කර, සක්මන් කර කර දවස් දෙක තුනක් ඔට්ටු වෙන්න ඕනෙ. එතකොට තමයි නිදිමත මට්ටු කරන්න පුළුවන්. එහෙම නැතුව ථිනමිද්ධය ලේසියෙන් මට්ටු වෙන්නෙ නෑ. ථිනමිද්ධය කියන්නේ අපිව පෙරලගෙන, යටකරගෙන යන එකක්. අකුසලරාසි කියන්නේ ඒකයි. කුසල් නසාගෙන යනවා. කුසල් ඇතිකරගන්ට දෙන්නේ නෑ.

ඊළඟට උද්ධච්චකුක්කුච්ච ආවාමත් මුකුත් ම කරගන්ට බෑ. හිත විසිරෙනවා, පසුතැවෙනවා. විසිරෙනවා, පසුතැවෙනවා. විශාල දෙයක් ඕනෙ නෑ, පුංචි දෙයක් ඇති පසුතැවෙන්න. ඕක අල්ලගෙන හිතෙන් පසුතැවි තැවී, හිතෙන් දීන වෙලා වාසය කරනවා. දීන වුණාට හිතේ පසුතැවිල්ල හටගන්නවා. ඒ පසුතැවිල්ලෙන් ගොඩගන්ට බෑ. ඒ වෙලාවට කුසල් සිහි කරන්න බෑ. එයාට ඉතුරු වෙන්නේ පසුතැවිල්ල විතරයි. ඒ නිසා ඒකත් කුසල් වසා දමන නීවරණයත්.

එකදිගට මාස තුනක් ම අසුභ භාවනාව....

ඊළඟට විචිකිච්ඡා කියන්නේ "අනේ මේක කරලා නම් හරියන්නෙ නෑ. මොකක්හරි වෙන ක්‍රමයක් ඇති" කිය කිය හිතේ සැකය හටගන්නවා. එකදිගට වීරිය ගන්ට දෙන්නෙ නෑ. බුද්ධ කාලේ ඒක විසඳගෙන තියෙන්නේ මේ වගේ ක්‍රමයකින්. අපට ඔය අටුවා පොත් කියවද්දි හම්බවෙනවා ආචාර්ය උපාධ්‍යායන් වහන්සේලා ඒ කාලේ අලුත පැවිදි වෙන භික්ෂුවට දෙතිස් කුණප භාවනාව

දෙනවා එකදිගට මාස තුනක් කරන්න කියලා. එතකොට වෙන එකක් කරන්ට බෑ, ඒක විතර ම යි. මාස තුනක් එකදිගට අසුභ භාවනාව කරගෙන යනකොට හරියනවා. ඒ ප්‍රතිපදාව ගැන නිසැක බවට පත් වෙනවා. කරන වැඩේ ගැන සැක නැති වෙනවා.

අමු බේගල් දෙසන පැවිද්දෝ....

විචිකිච්ඡාවෙන් කරන්නේ කරන වැඩේ ගැන සැක උපද්දවනවා. සැක ඉපැද්දෙව්වාම මුකුත් කරන්ට බෑ. එතකොට ඕනෑම කෙනෙක් මුළාවෙන්ට පුළුවන්, රැවටෙන්ට පුළුවන්. ඕනම බොරුවකට එයා අහුවෙනවා. දැන් ඔය අපේ රටේ තියෙන වැරදි භාවනා ක්‍රම කළාට පස්සේ ඒ මුලාවට මිනිස්සු හරිම වේගයෙන් අහුවෙනවා. එහෙම අහුවෙන්නේ විචිකිච්ඡාව නිසයි. දැන් ඔන්න කෙනෙක් බුදුරජාණන් වහන්සේ මෙහේ උපන්නාය කියලා අමු බේගල් කියනවා. "ආ... එහෙනම් බුදුරජාණන් වහන්සේ උපන්නේ ඉන්දියාවේ නෙවෙයිවත් ද? අපිට වැරදුණා වත් ද?" කියලා ඒකට මිනිස්සු අහුවෙන්නේ ඇයි? විචිකිච්ඡාව නිසා.

ඇයි අපි ඒ බේගල්වලට අහුවෙන්නේ නැත්තේ? අපට සීයට සීයක් ප්‍රත්‍යක්ෂයි ඉන්දියාවේ තමයි බුදුරජාණන් වහන්සේ උපන්නේ කියලා. ඉන්දියාවේ හොඳට ඇවිදපු කෙනෙකුට ඕනතරම් අදත් පේනවා ඒකට සාක්ෂි. ඉන්දියාවේ නොගියත් මේ බුද්ධ දේශනා හොඳට කියවලා බලද්දි හොඳට පැහැදිලියි බුදුරජාණන් වහන්සේ උපන්නේ ලංකාවේ නෙවෙයි කියලා. බුද්ධ දේශනා කියෙව්වේ නැතත් මහාවංශය කියෙව්වා නම්, ඒත් හොඳටම පැහැදිලි වෙනවා. මේ තරම් පැහැදිලිව කරුණු

තියෙද්දිත් ඒ බොරුවට අහුවෙලා යන්නේ විචිකිච්ඡාව නිසයි. විචිකිච්ඡා නීවරණයත් එක්ක ඉන්නකොට අවුල් වෙනවා හොයන්න බෑ.

විචිකිච්ඡාව නිසා සිදුවූ විපත....

මට මතකයි මං එක ආරණ්‍යයක ඉන්නකොට උපාසක උන්නැහේ කෙනෙක් ආවා භාවනා කරන්න කියලා. මේ උපාසක උන්නැහේ කලින් පැවිදි වෙලා හිටපු කෙනෙක්. එයාගේ ඔලුවෙත් අර වැරදි උපදේශය තිබිලා තියෙනවා. බොහෝ වාරයක් ඉතිපි සෝ ගාථාව කිය කිය ඉන්නකොට බුදුරජාණන් වහන්සේ පෙනී හිටලා කමටහන් දෙනවා කියලා. ඉතින් එයා ගල්ලෙනක ඉඳගෙන ඉතිපි සෝ ගාථාව ජපයක් වගේ කිය කිය ඉන්නකොට හිත සමාධිමත් වෙලා, මෙයාට පෙනිලා තියෙනවා එයා ඉදිරියේ බුදුරජාණන් වහන්සේ නෙළුම් මලක් උඩ වැඩඉන්නවා.

එතකොට මෙයා හිතින් බුදුරජාණන් වහන්සේට වැඳලා "අනේ භාග්‍යවතුන් වහන්ස, මට මේ නිවන් මගට උපදේශයක් දෙන්න" කියලා කිව්වා. එතකොට ඒ පෙනී හිටපු බුදුරජාණන් වහන්සේ කියලා තියෙනවා "උඹේ මහණකම වැරදියි. සිවුරු ඇරපන්" කියලා. මෙයාගේ හිතේ තිබුණ මොකක්හරි සැකයක් තමයි ඒ විදිහට එළියට ආවේ. ඊට පස්සේ ඒ කීමට සිවුරු ඇරලා.

පොළොව හොල්ලන ප්‍රාතිහාර්යය....

ඉතින් දවසක් පාත්තර තැටියකුත් අරගෙන අපි හිටපු ආරණ්‍යයට ආවා. ඉතින් ඔය කතාව ආරංචි වෙලා මාත් ගියා බලන්න. මං ඒ කාලේ කළුගල ආරණ්‍යයේ

හිටියේ. ඒ උපාසක උන්නැහේ මාත් එක්ක කතා කර කර ඉන්දෙද්දි කිව්වා "ස්වාමීනී, දැන් මට ප්‍රාතිහාර්ය පාන්නත් පුළුවන්" කියලා. මං ඇහුවා මොකක්ද පෙන්වන්න පුළුවන් ප්‍රාතිහාර්යය කියලා. මට මේ පොළොව හොලවන්න පුළුවන් කිව්වා. එහෙනම් පෝඩ්ඩක් ඉන්න උපාසක මහත්තයා කියලා මම ගියා නායක හාමුදුරුවෝ හම්බවෙන්න. ගිහිල්ලා මං කිව්වා "නායක හාමුදුරුවනේ, උපාසක මහත්තයෙක් ඇවිල්ලා ඉන්නවා. එයා පොළොව හොල්ලන්න දන්නවා කියලා කියනවා" කිව්වා. හා එහෙනම් එන්න කියන්නකෝ කිව්වා. දැන් හවස නායක හාමුදුරුවෝ ගිලන්පස ශාලාවේ වාඩිවෙලා ඉන්නවා. මාත් පැත්තකින් හිටියා.

අපි කිව්වා "එහෙනම් උපාසක මහත්තයා, පොළොව හොල්ලලා ප්‍රාතිහාර්ය පාන්න" කියලා. ඒ ශාලාවේ ලණු පැදුරක් එළලා තිබුණා. ඒ උපාසක උන්නැහේ ලණු පැදුරේ නට නට යනවා 'ඔය හෙල්ලෙන්නේ' කිය කිය. නායක හාමුදුරුවන්ටත් හිනා, මටත් හිනා. ඊට පස්සෙ මං ඒ උපාසක මහත්තයාට කිව්වා "ආ උපාසක මහත්තයා, ඇති ඇති... දැන් එහෙනම් කුටියට ගිහින් සැතපෙන්න" කියලා. ආන්න ඒ වගේ ජෝගි තමයි අන්තිමට ඉතුරු වෙන්නේ. ඒ උපාසක මහත්තයාට ඒ වගේ දෙයක් වුනේ ඇයි? විචිකිච්ඡාව නිසයි. සැකය ආවට පස්සේ, සැකයත් එක්ක එක එක දේවල් කරනවා.

අමනුස්ස ගැටවලට අහුවෙන්න එපා....

සතර සතිපට්ඨානයට මේ නීවරණ මැඩපවත්වලා හිත ඒකාග්‍රතාවයට පත්කරලා දෙන්ට පුළුවන්කම තියෙනවා. මේ කාලේ හිත යාන්තම් ඒකාග්‍රතාවයට

පත්වෙනකොට ගොඩාක් අයට වෙන එකක් තමයි, එක එක බලි තොවිල් ජේන්න ගන්නවා. අමනුෂ්‍යයෝ ඇවිල්ලා වදිනවා, දෙවිවරු ඇවිල්ලා වදිනවා, කතා කරනවා. ඔය වගේ එක එක විකාර ජේන්න ගන්නවා. අපි ළඟටත් ඇවිල්ලා සමහරු කියනවා "ස්වාමීනී, මං දුටුගැමුණු.... මං මෛත්‍රී බෝධිසත්ත්වයෝ..." කියලා. ඒ ඔක්කොම පුංචි පුංචි දේවල්වලින් ඔළුව අවුල් වෙලා. ඇවිල්ලා අපිත් එක්ක එක එක ඒවා කියනවා. මං ඉතින් ඒ වෙලාවට මොනවාහරි කියලා පිටත් කරනවා. වෙන මොනවා කරන්න ද.

මෛත්‍රී බෝධිසත්ත්වයෝ ඉන්නේ තුසිතයේ. උන්වහන්සේගේ නම සන්තුසිත මිසක් නාථ නෙවෙයි. පොඩි සමාධියක් ඇති වුණාට පස්සේ තමන් හොඳ සිහියෙන් හිටියේ නැත්නම් භූතයෝ මැදිහත් වෙලා මනුස්සයාව තවත් අවුල් කරලා දානවා. ඒක තමයි මේ කාලේ ගොඩක් වෙලාවට වෙන්නෙ. එහෙම අවුල් නොවී ඉන්න නම් මේ ආර්ය අෂ්ටාංගික මාර්ගය ගැන බලවත් පැහැදීමක් අපේ හිතේ ඇතිකරගන්ට ඕනෙ. ඒ නිසා පින්වත්නි, ඔබත් "ආර්ය අෂ්ටාංගික මාර්ගයේ මේ මාර්ග අංග අට ඒකාන්තයෙන් ම නිවන් මගයි" කියලා හොඳට හිත පහදවාගන්න...!

සාදු! සාදු!! සාදු!!!

❁ ❁ ❁

මහාමේඝ ප්‍රකාශන

අලුත් දහම් වැඩසටහන - 27

නුවණින් ම යි යා යුත්තේ

පූජ්‍ය කිරිබත්ගොඩ ඤාණානන්ද ස්වාමීන් වහන්සේ

ISBN : 978-955-687-153-1

ප්‍රථම මුද්‍රණය : ශ්‍රී බු.ව. 2561 ක් වූ නවම් මස පුන් පොහෝ දින

සම්පාදනය : මහමෙව්නාව භාවනා අසපුව
වඩුවාව, යටිගල්ඔළුව, පොල්ගහවෙල.
දුර : 037 2244602
info@mahamevnawa.lk | www.mahamevnawa.lk

පරිගණක අකුරු සැකසුම, පිටකවර නිර්මාණය සහ ප්‍රකාශනය :
මහාමේඝ ප්‍රකාශකයෝ
වඩුවාව, යටිගල්ඔළුව, පොල්ගහවෙල.
දුර : 037 2053300, 076 8255703
mahameghapublishers@gmail.com

මුද්‍රණය : තරංජි ප්‍රින්ට්ස්,
506, හයිලෙවල් පාර, නාවින්න, මහරගම.
ටෙලි: 011-2801308 / 011-5555265

"ධම්මෝ හි වාසෙට්ඨා, සෙට්ඨෝ ජනේතස්මිං
දිට්ඨේ චේව ධම්මේ, අභිසම්පරායේ ච."

වාසෙට්ඨයෙනි, මෙලොවෙහි ත්, පරලොවෙහි ත්
ජනයා අතර ධර්මය ම ශ්‍රේෂ්ඨ වෙයි !

- අග්ගඤ්ඤ සූත්‍රය - භාගයවත් බුදුරජාණන් වහන්සේ